VOL. 22

Dados Internacionais de Catalogação na Publicação (CIP)
(Câmara Brasileira do Livro, SP, Brasil)

Tellegen, Therese Amelie
  Gestalt e grupos: uma perspectiva sistêmica / Therese A. Tellegen. – São Paulo: Summus, 1984. (Coleção Novas buscas em psicoterapia; v. 22)

Bibliografia
ISBN 978-85-323-0204-5

1. Dinâmica em grupos 2. Gestalt-terapia 3. Psicoterapia de grupo I. Título.

84-1492   17. e 18. CDD-616.8915
                                       17. -301.15
                                       18. -301.11
                                       17. -616.891
                                       18. -616.8914
                                       NLM-WM 430

Índices para catálogo sistemático:
1. Dinâmica de grupo: Psicologia social   301.15 (17.) 301.11 (18.)
2. Gestalt: Psicoterapia: Medicina   616.891 (17.) 616.8914 (18.)
3. Gestalt-terapia: Medicina   616.891 (17.) 616.8914 (18.)
4. Grupos: Psicoterapia: Medicina   616.8915 (17. e 18.)
5. Psicoterapia de grupo: Medicina   616.8915 (17. e 18.)
6. Terapia de grupo: Psicoterapia: Medicina 616.8915 (17. e 18.)

Compre em lugar de fotocopiar.
Cada real que você dá por um livro recompensa seus autores
e os convida a produzir mais sobre o tema;
incentiva seus editores a encomendar, traduzir e publicar
outras obras sobre o assunto;
e paga aos livreiros por estocar e levar até você livros
para a sua informação e o se entretenimento.
Cada real que você dá pela fotocópia não autorizada de um livro
financia um crime
e ajuda a matar a produção intelectual de seu país.

Gestalt e grupos
Uma perspectiva sistêmica

Therese A. Tellegen

summus editorial

GESTALT E GRUPOS
Uma perspectiva sistêmica
Copyright © 1984 by Therese A. Tellegen
Direitos desta edição reservados por Summus Editorial

Capa: **Pintura de Alfredo Ugarte Del Castillo**
Direção da coleção: **Paulo Eliezer Ferri de Barros**

Summus Editorial
Departamento editorial
Rua Itapicuru, 613 – 7º andar
05006-000 – São Paulo – SP
Fone: (11) 3872-3322
http://www.summus.com.br
e-mail: summus@summus.com.br

Atendimento ao consumidor
Summus Editorial
Fone: (11) 3865-9890

Vendas por atacado
Fone: (11) 3873-8638
e-mail: vendas@summus.com.br

Impresso no Brasil

NOVAS BUSCAS EM PSICOTERAPIA

Esta coleção tem como intuito colocar ao alcance do público interessado as novas formas de psicoterapia que vêm se desenvolvendo mais recentemente em outros continentes.

Tais desenvolvimentos têm suas origens, por um lado, na grande fertilidade que caracteriza o trabalho no campo da psicoterapia nas últimas décadas, e por outro, na ampliação das solicitações a que está sujeito o psicólogo, por parte dos clientes que o procuram.

É cada vez maior o número de pessoas interessadas em ampliar suas possibilidades de experiência, em desenvolver novos sentidos para suas vidas, em aumentar suas capacidades de contato consigo mesmas, com os outros e com os acontecimentos.

Estas novas solicitações, ao lado das frustrações impostas pelas limitações do trabalho clínico tradicional, inspiram a busca de novas formas de atuar junto ao cliente.

Embora seja dedicada às novas gerações de psicólogos e psiquiatras em formação, e represente enriquecimento e atualização para os profissionais filiados a outras orientações em psicoterapia, esta coleção vem suprir o interesse crescente do público em geral pelas contribuições que este ramo da Psicologia tem a oferecer à vida do homem atual.

NOVAS BUSCAS EM PSICOTERAPIA
SÉRIE B: NOSSAS BUSCAS

Nossas Buscas deseja se constituir num espaço aberto a ser preenchido por publicações de autores nacionais. Sem negar as dimensões universais dos problemas humanos, que independem de contingências históricas e culturais, Nossas Buscas quer deter-se sobre a maneira específica como está acontecendo entre nós a psicoterapia.

Sem se negar a autores mais antigos e mais publicados, aspira privilegiar as gerações de psicoterapeutas formados nestes últimos vinte anos. Tais gerações são oriundas das anteriores. Devem-lhes muito. É necessário que paguem esta dívida. Sobretudo, andando com as próprias pernas, pensando com a própria cabeça. Transformando em frutos o que receberam em gérmen.

Sem se tornar um veículo de modas, Nossas Buscas pretende fazer com que a atualidade em psicoterapia seja mais perceptível. Com seus erros e acertos. Facilitar a passagem do que vem para passar, possibilitar a fixação do que vier para ficar. Nossas Buscas é um desafio aos psicoterapeutas que estão em atuação.

Cresce o número de pessoas que procuram a psicoterapia. Para tentar resolver suas dificuldades e para ampliar suas possibilidades de viver. A estas pessoas se dedica, e se oferece como fonte de informação esta série B: Nossas Buscas em Psicoterapia.

ÍNDICE

Apresentação 9

Prefácio 13

Capítulo 1 — Caminhos e Caminhadas 17

Capítulo 2 — Gestalt-terapia — Origem e Desenvolvimento 25

Capítulo 3 — Indivíduo, Grupo, Sociedade 43

Capítulo 4 — Gestalt e Sistemas 55

Capítulo 5 — Grupos como Sistemas: A Função do Terapeuta 71

Capítulo 6 — Relato de uma Experiência 87

Capítulo 7 — Retrospecto 113

Bibliografia 123

APRESENTAÇÃO

Saio de uma conversa nossa sobre o título do seu livro. Passos? Caminhos? Qual o melhor título para esclarecer a idéia de uma caminhada? Penso na nossa. Na nossa caminhada que começou há dez anos atrás numa experiência grupal de gestalt-terapia. Acho que vivemos intensamente o tempo de paixão pelas propostas com que esta terapia acenava quanto à forma de trabalhar a relação cliente-terapeuta, de seguir as trilhas dos sonhos, de integrar a leitura do corpo à palavra.

Juntas compartilhamos muitas outras experiências grupais como aprendizes, aprofundando nossa sensibilidade para ouvir, ver, tocar, movimentar. Bioenergética, psicodrama, dança, relaxamento, meditação!

Juntas fomos levantando antigas e novas perguntas, algumas mais claras, outras (muitas) confusas e angustiantes. Fomos aprendendo a renunciar à paixão inicial ingênua (mas tão maravilhosa!) por uma terapia que queríamos magicamente "completa" (eu mais do que você?), a favor de um estado amoroso capaz de conter não só a alegria que a gestalt-terapia nos trazia, como também a dor das não-respostas e da necessidade de refletir.

Nosso tempo de co-terapia foi talvez o mais rico e não menos doloroso, porque, se de um lado nos fortificou como terapeutas, de outro nos mostrou a urgência de novas procuras para atender a novas necessidades.

E agora, cá estamos nós. Você refletindo mais sobre as possibilidades de uma abordagem sistêmica, eu sobre o processo transferencial.

Releio o que escrevi e penso que quero deixar dito a bela companheira que você tem sido nesta caminhada de dez anos. Companheira, colega e muito amiga, dando força, suporte e sobretudo muita alegria.

Tessy Hantzschel
julho de 1984

Olhe bem para cada caminho...
Experimente-o tantas vezes quanto achar necessário...
Depois, pergunte-se:
Esse caminho tem coração?
Se tiver, o caminho é bom;
Se não tiver não presta.
Ambos os caminhos não conduzem a parte alguma,
Mas um tem coração e o outro não.

(Don Juan para Carlos Castañeda)

PREFÁCIO

Este livro nasceu mais ou menos assim:

— a pergunta : "Como é?"
— o farejo : "Será que é assim?"
— o encanto : "É...!"
— a dúvida : "Mas é assim que deve ser?"
— a briga : "Não pode ser assim."
— a conciliação: "Pode ser assim. E ao mesmo tempo, pode ser muito mais do que isso."
— o suspiro : "Quanto ainda falta..."

Ele representa uma caminhada e um convite para ir junto: caminhar, olhar, descobrir, perder-se, cansar, sentar um pouco, retomar o caminho, tudo isso sem grandes preocupações com a chegada.

Embora lhe proponha um caminho já traçado, a proposta é que divague bastante. Mas ao menos quero dar algumas indicações por onde ele vai passar.

Ao longo do texto sempre há duas vertentes que se interligam: *grupos* e *abordagem gestáltica*, ora acentuando mais uma, ora outra. E elas se encontram na questão central que me proponho abordar: como entender grupos e como pensar um modelo teórico de grupo condizente com os conceitos básicos da Gestalt-terapia de Fritz Perls? Daí decorrem outras: como conceber a função de quem trabalha com grupos terapêuticos e outros; como estabelecer critérios que possam nortear suas intervenções?

Como e por que cheguei a formular estas questões é assunto do primeiro capítulo. A própria busca de respostas necessariamente me levou mais longe, abrindo outros questionamentos que continuam se desdobrando. Freqüentemente são mais amplos e fundamentais do que os abordados mais especificamente neste texto, porém impõe-se uma delimitação para não perder o rumo de vez. Se, por exemplo, aqui busco caminhos para entender algo da complexidade da relação indivíduo-grupo-sociedade, mais básica e ampla é a questão da articulação dos níveis biológico, psicológico e sóciocultural na concepção do homem, que foi o problema crucial que fez com que o psicanalista Perls se voltasse para a psicologia da Gestalt.

Creio que falta em nosso meio uma perspectiva histórica sobre a Gestalt-terapia, inclusive pela falta de tradução dos primeiros livros de Perls. Do ponto de vista conceitual, estes são muito mais elaborados do que os últimos, aos quais temos acesso mais fácil. Por isso farei nos capítulos 2 e 3 uma apresentação mais geral da Gestalt-terapia, de sua origem, das suas fontes e, em maior extensão, daqueles conceitos que são os mais pertinentes para o problema em pauta. Se abuso às vezes de citações que podem tornar árido o caminho, peço desculpas — caminhos costumam ser assim... e me justifico pelo fato de citar preferencialmente as obras de mais difícil acesso por não terem sido traduzidas.

Procuro manter constantemente esta perspectiva histórica tanto ao situar a Gestalt-terapia no seu contexto, como ao retomar as preocupações e formulações iniciais de Perls. E nesta tentativa de resgatar nas fontes o que percebo como fundamental na Gestalt-terapia, tateio também seus limites e limitações teóricas.

Encontrei uma ampliação conceitual produtiva na teoria de sistemas que abordo no capítulo 4. Enquanto proposta interdisciplinar, desdobra precisamente problemas ligados à noção de Gestalt, tais como inter-relações entre partes pertencentes a uma mesma estrutura, ordem e organização de conjuntos complexos e multivariáveis, auto-regulação e direção, informação, significado e decisão.

E, por sua vez, é a noção de sistema que vai elucidar a complexidade dos fenômenos grupais e possibilitar o levantamento de critérios para intervenções em grupos. Neste capítulo, o 5, o tratamento do tema já não é específico para a abordagem gestáltica. A perspectiva sistêmica tem validade como modelo conceitual para grupos em geral e tem sido utilizada mais amplamente nas ciências sociais, na análise da dinâmica organizacional e na terapia familiar.

A título de exemplificação, apresento no capítulo 6 alguns episódios da vida de um grupo, com comentários que visam realçar o que foi exposto até então. Finalmente, no último capítulo, recoloco alguns aspectos que considero específicos da abordagem gestáltica, desta vez do ponto de vista mais técnico.

Pode ser que, em alguns momentos, o caminho lhe pareça tortuoso. Se assim for, descanse e não se esqueça que a chegada é o que menos importa.

CAPÍTULO 1

CAMINHOS E CAMINHADAS

A apresentação de um trabalho sobre processos grupais em Gestalt-terapia está diretamente ligada a um caminho pessoal, em que duas áreas de interesse e atividade foram se aproximando pouco a pouco, até convergirem numa prática com grupos terapêuticos e didáticos dentro de uma abordagem gestáltica. A minha experiência de trabalho com grupos originou-se no estudo teórico e na aplicação da dinâmica de grupo fundamentada na teoria de campo de Kurt Lewin, ligada, por sua vez, à psicologia da Gestalt de Koffka, Köhler e Wertheimer. Uma das suas aplicações, que se tornou muito conhecida nos Estados Unidos sob o nome de T-grupo, grupo de treinamento ou de sensibilização, foi desenvolvida e divulgada pelo "National Training Laboratories" e divulgada com inúmeras variações. Estes grupos eram constituídos como campo experiencial de investigação e aprendizagem, favorecendo nos participantes o desenvolvimento de habilidades no que diz respeito à compreensão e intervenção em processos grupais e relações interpessoais. Os participantes destes grupos eram, freqüentemente, profissionais ligados a organizações, empresas ou instituições que, individualmente ou a pedido da organização a que pertenciam, buscavam aperfeiçoamento para melhor desempenho de uma função administrativa, em que relações interpessoais e manejo grupal eram considerados fundamentais.

17

Dentro desta perspectiva, fui facilitadora de inúmeros grupos de treinamento em empresas industriais, comerciais e bancárias, bem como em contexto particular.

Sob influência de fatores históricos e sociais da década de sessenta, e a partir de novas correntes na psicologia norte-americana, entre as quais se destaca a influência de Maslow e Rogers, o foco do trabalho grupal foi, pouco a pouco, se deslocando dos aspectos mais relevantes da dinâmica estrutural dos grupos para as qualidades afetivas e emocionais que emergem em grupos, e o significado destas para o desenvolvimento pessoal dos participantes. O "Training Conference" foi dando lugar ao "Growth" e "Encounter Group".

Nesta transição a articulação da experiência vivida neste tipo de grupo com o contexto social, cultural e político tornou-se cada vez menos clara. De fato, se a "cultura grupal" não se constituía em aberta contraposição à cultura vigente, ela tendia a desenvolver-se como se fosse numa ilha separada do resto do mundo,[1] ou ainda se propunha como chave para mudanças sociais, às vezes ingenuamente, à medida que não interrogava em profundidade as suas próprias premissas ideológicas. O vulto que tomou o que, nos Estados Unidos, foi denominado de "Human Potential Movement", no fim da década de sessenta até meados da década de setenta, mereceria um estudo que o situasse mais claramente, não só no momento histórico da época, mas também esclarecesse os jogos subjacentes dos interesses políticos e econômicos.[2]

Também na Europa, embora em menor extensão e sem o caráter de "movimento", houve uma intensificação do estudo da teoria e prática grupal a partir da psicoterapia familiar e de grupo, e da psicologia social ou psicossociologia, voltada para o estudo da dinâmica organizacional. Já na década de cinqüenta, os trabalhos de Bion, da Tavistock

---

1. Um quadro satírico do "choque cultural" vivido por participantes de um grupo deste tipo foi apresentado no filme "Bob and Carol, Ted and Alice".
2. Ver: Edwin M. Schur, The Awareness Trap. Em *Quadrangle*. Nova York, The N. Y. Times Book Co., 1976.

Clinic e do Tavistock Institute da Inglaterra deram origem a muitas publicações que repercutiram em outros países, entre outros na Argentina, onde Pichon Rivière desenvolveria mais tarde os chamados "grupos operativos".

Importante também foi o trabalho dos psicanalistas ingleses Foulkes e Anthony, pela sua busca de uma concepção de psicoterapia de grupo que não meramente transpusesse conceitos e procedimentos da psicanálise individual para a situação grupal, como muitos na época faziam. Na sua tentativa de fazer jus à especificidade do contexto grupal com a sua dinâmica própria, estes autores fizeram uso do conceito de campo de Lewin, e do conceito de configuração de figura e fundo da psicologia da Gestalt, para explicitar não só a relação indivíduo-grupo, mas também os processos grupais e a relação de um grupo enquanto tal, com o contexto social mais amplo.[3] Neste sentido, as suas obras se tornaram importantes para mim.

Uma obra também fundamental para meu trabalho foi publicada na França em 1968. Com sua tese "A Vida Afetiva dos Grupos,[4] Max Pagès se insere nesta busca incessante de compreender a complexidade das inter-relações indivíduo-grupo-sociedade. Partindo de sua observação dos intensos fenômenos afetivos que surgiam nos "grupos de base" ou treinamento com os quais trabalhava — na época, fazendo uso exclusivamente de intervenções verbais —, Pagès tentou construir uma teoria explicativa destes fenômenos com base na noção de "relação" como realidade afetiva primeira, originária e imediata. Essa relação, que funda todas as relações vividas, também está na base dos laços grupais. Ela não precisa ser explicada ou construída mas, sim, *des*-coberta pelo grupo, processo este que mobiliza angústias profundas e faz surgir estruturações defensivas que, no decorrer da vida

---

3. Foulkes, S. H. e Anthony, S. J., *Psicoterapia de Grupo*. Rio de Janeiro, Bibl. Univ. Popular, 1967.
4. Pagès, M., *A Vida Afetiva dos Grupos* — Um Esboço de uma Teoria da Relação Humana. Petrópolis, Vozes/EDUSP, 1981. Na introdução à 2.ª edição o próprio Pagès faz alguns reparos à sua concepção de relação enquanto intersubjetividade afetiva imediata e originária.

do grupo se modificam e — espera-se — tornam-se menos rígidas e restritivas, podendo, eventualmente, se superar.

Entre as influências significativas em minha formação não posso deixar de mencionar com destaque o psicodrama de Moreno, por ser minha primeira experiência com um método de trabalho baseado em ação e expressão não-verbal. Como um dos precursores da psicoterapia de grupo, Moreno teve ampla repercussão, inclusive no nosso meio. Sempre voltado para a investigação das relações sociais, das posições e papéis que o indivíduo ocupa no seu meio social imediato e mais amplo, Moreno elaborou os métodos da sociometria, do sociodrama e do psicodrama.

Quase na mesma época em que iniciei o trabalho com grupos na área de treinamento, também comecei a atender clientes em psicoterapia individual. Durante um bom tempo procurei linhas e afiliações sem me definir por nenhuma em particular, fazendo parte de grupos de estudo e supervisão e sentindo-me às vezes razoavelmente perplexa e perdida. Essa busca foi aos poucos delineando uma inclinação para teorias e práticas que enfatizam o homem como um todo, ser-em-relação, a sua existência no mundo, no seu tempo histórico e no seu espaço físico e social, com um potencial de ação transformadora de si e do seu mundo, a partir da aproximação de sua própria verdade. Era, e continua sempre sendo, a minha própria busca que me faz reconhecer este mesmo anseio nas pessoas que me procuram para terapia.

Fui influenciada também por Jung pela sua ênfase em dimensões do inconsciente que ultrapassam a história pessoal e pelas suas colocações sobre a complementaridade de polaridades opostas; por Rogers pela postura de aceitação e de suspensão de um saber anterior ao do cliente; pelos psicólogos existenciais por uma visão do homem como aquele que anseia por tornar-se sujeito e agente de sua existência sem desconhecer as contradições em que se vê lançado.

Ao mesmo tempo procurava uma prática em que pudesse combinar formas verbais e não-verbais de trabalho. Depois de experimentar o psicodrama, acabei encontrando na Gestalt-terapia, formulada por F. Perls, uma abordagem que me deu espaço para integrar todas estas experiências em um estilo pessoal no exercício das minhas funções de terapeuta, supervisora e docente. E também foi nesta abordagem que puderam se amalgamar o meu trabalho com grupos e o de terapia individual.

No entanto, logo ao entrar em contato pela primeira vez com a Gestalt-terapia, esbarrei com uma questão que diz respeito, especificamente, ao trabalho em grupo. Já formulei esta estranheza e insatisfação em palestra proferida em 1972: "Quanto ao trabalho em grupo, penso que se trata mais de *terapia individual em grupo*. Pessoalmente sinto que se perde muito da riqueza da interação mais livre e espontânea entre os participantes. Quem dirige, tende a se tornar uma figura muito central..." [5]

De fato, nas minhas primeiras experiências como participante em grupos intensivos de Gestalt, ocorria uma sucessão de trabalhos individuais que se encadeavam da seguinte maneira: após uma curta rodada em que cada um dizia como estava se sentindo naquele momento e quais eram as suas expectativas, um participante, dizendo que queria "trabalhar", se aproximava do terapeuta, ocupando um lugar especialmente reservado — o "hot seat" ou "lugar quente". Ali se desenvolvia, então, um "encontro" terapeuta-cliente a partir de algo que a pessoa trazia: um sentimento, um sonho, uma dificuldade de relacionamento, uma situação angustiante, ou, simplesmente, a sua vontade de trabalhar. Enquanto durava este episódio a dois, os demais participantes do grupo assistiam em silêncio o desenrolar do trabalho, que podia ter qualquer duração, desde alguns minutos até uma hora ou mais. Depois de terminado este encontro, a pessoa voltava para o seu lugar no grupo que, então, compartilhava com ela as suas reações e vivências durante o episódio, até que surgisse um novo candidato para "trabalhar".

---

5. Tellegen, Therese A., Elementos de Psicoterapia Gestáltica. Em *Boletim de Psicologia*, da Sociedade de Psicologia de S. Paulo, 1972, *24*: 27-42.

Quanto mais fui desenvolvendo a abordagem gestáltica em grupos, tanto mais acentuada ficou a minha insatisfação com este modelo de trabalho grupal. Além do motivo já citado de que se perde grande parte da riqueza e do potencial terapêutico do grupo, sobrecarregando a pessoa e a função do terapeuta, experienciei os riscos que se correm ao deixar de prestar atenção à complexidade das forças grupais que, ficando encobertas, acabam eclodindo com conseqüências negativas e até destrutivas para o grupo e/ou seus participantes. Finalmente, parece-me teoricamente insustentável que um terapeuta que baseia sua atuação numa abordagem gestáltica, que justamente enfatiza a *relação figura-fundo*, *evento-contexto*, não considere explicitamente o *contexto grupal* no qual ocorre o trabalho, no qual exerce a sua função, do qual faz parte e que é o *campo* do acontecer terapêutico.

Revendo a bibliografia, encontrei críticas semelhantes, como, por exemplo, "O uso da Gestalt-terapia com grupos é comum, mas, freqüentemente, isto resulta mais em uma terapia individual numa situação grupal, do que na usual abordagem grupal em termos da extensa interação entre participantes e 'processo de grupo' (...) Essa abordagem inevitavelmente reduz o tempo para uma interação grupal espontânea e potencialmente útil (...) O principal risco, porém, consiste no terapeuta assumir demasiada responsabilidade pela orientação do grupo mediante uma atividade excessiva, assim favorecendo a passividade dos participantes e, portanto, frustrando seu próprio objetivo de promover autonomia e auto-suporte".[6]

Esta forma de trabalho grupal foi introduzida e recomendada pelo próprio Perls. Em algumas obras posteriores de discípulos seus encontram-se contribuições e descrições de trabalhos com grupos, de procedimentos e técnicas que

---

6. Shepherd, I.L., Limitações e cautelas na abordagem gestáltica. Em Fagan, J. e Shepherd, I.L., *Gestalt-terapia — Teoria, Técnicas e Aplicações.* Rio de Janeiro, Zahar Editores, 1973, p. 307.
    Observações semelhantes também em Latner, J., *The Gestalt Therapy Book.* Nova York, Bantam Books, 1974.

ultrapassam o tradicional modelo de trabalho individual em grupo [7] e, em 1980, apareceu, finalmente, um volume especificamente dedicado à abordagem gestáltica em grupos.[8] Trata-se de uma coletânea de contribuições de vários autores que, na sua maioria, abordam o assunto em nível descritivo, apresentando relatos de aplicações em clínica e educação. No entanto, são poucos e heterogêneos os textos propriamente teóricos, entendendo-se por teoria, no caso, pensar conceitualmente o grupo enquanto estrutura, campo e contexto, *com características dinâmicas próprias*. Ora, uma certa sofisticação técnica e uma criatividade quanto a novas áreas de aplicação não podem substituir um embasamento teórico que possa servir como uma espécie de mapa que oriente o terapeuta, sob pena de ele se perder na multiplicidade de fenômenos por falta de um princípio norteador para as suas intervenções.

Entre os artigos desta obra há um que me chamou particularmente a atenção, pois a autora relata sua tentativa de unir a sua experiência prévia com vários tipos de grupos com a abordagem gestáltica e oferece um esboço de integração entre princípios e métodos da Gestalt-terapia e da Dinâmica de Grupo da escola lewiniana.[9] Com grande alegria reconheci alguém que não só formula suas dúvidas e insatisfações em termos quase idênticos aos meus e a partir de uma experiência profissional relativamente semelhante, mas que dá um passo além, abrindo uma perspectiva teórica. Retomei e ampliei a direção por ela proposta, com o objetivo de contribuir para a formulação de um modelo conceitual de trabalho com grupos na abordagem gestáltica, apoiando-me em leitura, reflexão e experiência pessoal.

---

7. Por exemplo, Polster, E. e Polster, M., *Gestalt-terapia Integrada*. Belo Horizonte, Interlivros, 1979, e Zinker, J., *Creative Process in Gestalt Therapy*, Nova York, Brunner/Mazel, 1977. (N.B.: Embora as referências bibliográficas citem as edições brasileiras quando existentes, sempre que tenho acesso aos textos originais, me dou a liberdade de modificar a tradução onde julgo que assim possa ganhar em clareza ou fidelidade ao autor.)
8. Feder, B. e Ronall, R. (orgs.), *Beyond the Hot Seat*: Gestalt Approaches to Group. Nova York, Brunner/Mazel, 1980.
9. Kepner, E., "Gestalt Group Process". Em: Feder & Ronall, *op. cit.*, pp. 5-24.

CAPÍTULO 2

GESTALT-TERAPIA — ORIGEM E DESENVOLVIMENTO

Apresentar aqui a Gestalt-terapia, sua origem e desenvolvimento, sua inserção no cenário psicoterápico, representa um esforço de síntese — pessoal e seletiva — de informações espalhadas em várias obras.[1] Abrem-se dois caminhos possíveis. Um seria uma exposição sistemática de conceitos teóricos e suas aplicações práticas. Outro seria acompanhar o iniciador da Gestalt-terapia, Frederick S. Perls, na sua trajetória de vida, compartilhar sua busca, seus questionamentos, deixando emergir aqueles aspectos que hoje nos tocam como significativos e que dão sentido à tentativa de dar continuidade ao seu pensamento e à prática psicoterápica e educacional nele baseada. Não foi difícil escolher. O processo é mais rico do que o produto, pois a obra de Perls é inacabada e fragmentária. Se, de um lado, isto caracteriza uma obra aberta à reformulação, acarreta também o risco de fazer da Gestalt-terapia uma tecnologia psicoterápica que gira no vazio por falta de bases conceituais claras.

---

1. Basicamente: Perls, F., *Escarafunchando Fritz, dentro e fora da lata de lixo*. São Paulo, Summus Editorial, 1979; Shepard, M., *Fritz, — An Intimate Portrait of Fritz Perls and Gestalt Therapy*. Nova York, Dutton & Co., 1975; Smith, E.W.L., "The Roots of Gestalt Therapy", em *Idem*, (org.) *The Growing Edge of Gestalt Therapy*, Nova York, Brunner/Mazel, 1976, pp. 3-36; Wysong, J. e Rosenfeld, E. (orgs.), *An Oral History of Gestalt Therapy* — Interviews with Laura Perls, Isadore From, Erving Polster, Miriam Folster. Edição do Gestalt Journal, Highland, N.Y., 1982.

Indubitavelmente, Perls soube responder — através de sua abordagem gestáltica — a necessidades, inquietações e anseios da geração jovem adulta nos Estados Unidos na década de sessenta, Mais do que uma terapia, ela passou a ser para ele uma concepção de vida que contestava muitos dos valores típicos de uma sociedade industrial e consumista. Hoje, 1984, quatorze anos após a sua morte, a Gestalt-terapia continua se afirmando e exercendo atração em muitas partes do mundo. Acredito que, ao retomar as intuições de Perls, revendo-as à luz de contribuições mais recentes das ciências humanas com as quais ele já não teve contato, é possível dar à Gestalt-terapia um suporte teórico mais sólido. Embora esta meta não esteja dentro do escopo deste livro, quero reafirmar que acredito ser fundamental um esforço nesta direção para que a Gestalt-terapia não corra o risco de se tornar um modismo, uma ilusão psicoterápica ou, pior, um instrumento de manipulação, inconsciente de suas premissas teóricas, filosóficas e ideológicas.

1. PERLS, O HOMEM E A SUA OBRA

Fritz (como era comumente chamado) Perls nasceu em 8 de julho de 1893 num bairro judeu de Berlim. Seu pai era comerciante de vinhos e, como sua mulher, pertencia ao grupo de judeus alemães liberais e assimilados, preservando algumas tradições religiosas, mas sobretudo engajados na vida cultural e social alemã da época. Quando Fritz tinha três anos, a família se mudou do bairro judeu para o centro de Berlim. Ainda menino, Fritz freqüentava com sua mãe teatro, ópera e museus, enquanto a biblioteca do avô era o lugar predileto para satisfazer sua curiosidade. Com um amigo não cansava de montar peças de teatro na sala da casa. Enquanto isso, seu pai se tornou cada vez mais distante da família, tanto física quanto efetivamente.

Na puberdade, Fritz passou a ser considerado um menino difícil, foi expulso do ginásio e tornou-se um adolescente instável e rebelde, até ser admitido num ginásio mais liberal onde encontrou não só aceitação, como também estímulo para seu interesse pelo teatro.

Aos 16 anos chegou a fazer papéis de figurante no Teatro Real de Berlim, e logo encontrou o diretor Max Reinhardt que, na época, imprimia novas direções de maior expressividade ao estilo teatral. Quase se profissionalizou, pois nesta época já ganhava como ator o suficiente para suas despesas pessoais. Como ele assinala na sua autobiografia (Perls, 1969c), foi nessa escola de Max Reinhardt que desenvolveu sua incrível capacidade de detectar sutilezas de entonação de voz e linguagem corporal, tão exploradas mais tarde no seu trabalho terapêutico.

Quanto à escolaridade, Fritz recuperou-se e, aos 21 anos, estava estudando medicina na Universidade de Berlim quando irrompeu a Primeira Guerra Mundial. Por motivos de saúde inicialmente declarado inapto para o serviço ativo, apresentou-se como voluntário na Cruz Vermelha em 1915, ficando em Berlim e continuando os estudos. Mas, em 1916, foi para as trincheiras, onde passou nove meses como assistente médico. Foi ferido e voltou profundamente abalado e desiludido com a humanidade.

Além do impacto da guerra propriamente dita, ficou marcado pelo anti-semitismo dos oficiais alemães. A experiência desestabilizou o jovem Perls e os 40 anos seguintes de sua vida são uma constante e sofrida busca de direção e de enraizamento.

Em 1920 graduou-se como médico e começou desde logo a trabalhar como neuropsiquiatra, fazendo parte da boemia berlinense nas horas vagas. Desiludido com a hipocrisia, a ganância e o nacionalismo mesquinho da época, ele se associou ao grupo "Bauhaus" composto de artistas, arquitetos, poetas, filósofos, escritores, todos radicais políticos, dissidentes da ordem estabelecida, lutando por novas expressões e por um estilo de vida menos rígido e preso aos códigos vigentes. Foi neste ambiente que encontrou o filósofo Sigmund Friedländer, que teria uma profunda influência sobre seu pensamento.

Depois de muitos acontecimentos, entre os quais uma tentativa de se estabelecer nos Estados Unidos, Fritz voltou a Berlim onde fez análise com Karen Horney, que depois de algum tempo o aconselhou a sair de Berlim.

Foi a ida para Frankfurt que se tornou decisiva para todo o seu desenvolvimento posterior. Fritz já se interessava pelo trabalho de Kurt Goldstein, que estudava as manifestações comportamentais de lesões cerebrais, com base nas noções de psicologia da Gestalt de Wertheimer, Köhler e Koffka. Em 1926 trabalhou como assistente de Goldstein no Instituto de Soldados Portadores de Lesão Cerebral. Além disso, sentia-se atraído pelo pensamento existencial de Martin Buber e Tillich, ambos também radicados em Frankfurt. Não deixou de se submeter a psicanálise e, após um ano, sua analista o encaminhou para Viena para iniciar sua análise didática. Lá recebeu supervisão de Helene Deutsch, A. Hirshman, entre outros; assistiu seminários de Otto Fenichel e Paul Federn e trabalhou num hospital psiquiátrico dirigido por Paul Schilder. De volta a Berlim, em 1928, foi novamente Karen Horney quem o orientou, desta vez para continuar sua análise com Wilhelm Reich.

Temos aqui reunidas todas as correntes que exerceram influência duradoura em Perls e que, portanto, aparecem na Gestalt-terapia que mais tarde formulará. Em Frankfurt também conheceu Lore (Laura) Posner, graduada em psicologia dentro da escola de Gestalt, psicanalista formada, com quem se casou alguns anos depois, e que sempre esteve presente exercendo grande influência no desenvolvimento da Gestalt-terapia.

Na época (já estamos em 1931), Perls se envolveu no movimento antinazista e, quando a oposição falhou, precisou, como muitos outros, buscar um esconderijo. Reich fugiu para a Noruega e Fritz, Laura e a primeira filha se separaram temporariamente. Fritz se refugiou em Amsterdam para onde a família seguiu mais tarde. Sem recursos e sem licença para trabalhar, a situação se tornou insustentável.

Ernest Jones, que ajudou muitos analistas refugiados, lhe indicou uma possibilidade de se estabelecer como analista didata na África do Sul onde, em Johannesburg, criou em 1935 o Instituto Sul-africano de Psicanálise. Na época, Perls e Laura eram os únicos psicanalistas do país, e logo tiveram um consultório muito procurado, o que lhes permitiu uma vida estável e um nível de conforto até então desconhecido. Ao mesmo tempo, o isolamento cultural e profissional aos poucos se fizeram sentir. Com grande expectativa, Fritz viajou em 1936 para participar do Congresso Internacional de Psicanálise na Tchecoslováquia, levando uma comunicação intitulada "Resistências Orais" como contribuição à teoria psicanalítica. Não só a sua comunicação foi mal recebida, como a recepção que o próprio Freud lhe deu foi muito fria. O reencontro com Reich também foi decepcionante e só com Jones e alguns colegas o contato foi satisfatório. Foi a partir desta época que Perls começou seus ataques à psicanálise. Da sua relação ambivalente com Freud ele mesmo diz, na sua autobiografia: "Muitos amigos me criticam pela minha relação polêmica com Freud: 'Você tem tanto a dizer, sua posição é firmemente fundamentada. Por que esta contínua agressividade contra Freud? Deixe-o em paz e faça o que é seu' — Não posso; Freud, suas teorias, sua influência são por demais importantes para mim. Minha admiração, meu desnorteio e desejo de vingança são muito fortes. Seu sofrimento e sua coragem me comovem intensamente. Fico profundamente abismado diante do que praticamente sozinho realizou, com os instrumentos mentais inadequados de *uma psicologia associacionista e uma filosofia de orientação mecanicista*. Sou profundamente grato por tudo que aprendi justamente ao me opor a ele." [2]

A comunicação sobre "Resistências Orais" tornou-se o núcleo do seu primeiro livro *Ego, Hunger and Aggression*, no qual Laura teve participação importante e que foi publicado pela primeira vez em 1942 em Durban e, logo após a

---

2. Perls, F., *Escarafunchando Fritz, op. cit.*, p. 61.

guerra, na Inglaterra em 1947 (reeditado nos E.U.A. em 1969). Nesta obra, que tinha como subtítulo "Uma Revisão da Teoria e Método de Freud" (omitido na reedição de 1969), Perls se propõe reexaminar a teoria psicanalítica à luz de teorias e pesquisas que colocam em cheque o associacionismo que dominava a psicologia na época. Foi, sobretudo, na teoria organísmica de Goldstein, por sua vez apoiada na psicologia da Gestalt, que buscou uma base para aquilo que percebeu como sendo a procura do próprio Freud. Escreveu no primeiro capítulo: "Quase não existe uma esfera de atividade humana onde a investigação de Freud não tenha sido criativa, ou, pelo menos, estimuladora. Para ordenar as relações entre múltiplos fatos observados, ele desenvolveu grande número de teorias que, no seu conjunto, formam o primeiro sistema de uma psicologia genuinamente *estrutural*" (grifado no original).[3] Perls apresenta seu livro como uma tentativa de reforçar a estrutura do sistema psicanalítico, ajudado pelas novas pesquisas sobre percepção e motivação da época. Muito do material contido neste primeiro livro é considerado obsoleto pelo próprio Perls, como assinala no prefácio da edição de 1969.

Em 1942, Perls novamente se encontrava envolvido numa guerra, como psiquiatra do exército sul-africano, ao lado dos Aliados contra a Alemanha. Depois do término da Segunda Guerra Mundial, pressentindo o fascismo sul-africano da política de *apartheid*, o casal resolveu emigrar para os Estados Unidos, onde encontraria inúmeros analistas europeus. Várias personalidades de destaque, entre outros Karen Horney, Erich Fromm e Paul Goodman, haviam se impressionado com seu livro. Com apoio, sobretudo, de Fromm, Perls e Laura dentro de pouco tempo, estavam bem estabelecidos como psicanalistas, ligados a um grupo neo-freudiano.

Nos seus primeiros dez anos em Nova York, o casal se associou a grupos de intelectuais e artistas radicais e dissidentes, cuja ênfase estava em ir até as últimas conse-

---

3. Perls, F., *Ego, Hunger and Aggression: The Beginning of Gestalt Therapy*. Nova York. Random Houge, 1969 (re-edição), p. 13. (Até o momento não traduzido para o português).

qüências no desmascaramento da banalidade e hipocrisia nas relações interpessoais e nas instituições sociais. Era um clima semelhante ao de Berlim da década de 20, só que Perls e Laura pertenciam a uma geração mais velha e, como analistas europeus, davam um certo peso ao grupo. Faziam parte do grupo Julian Beck, Judith Malina e outros componentes do "Living Theatre", o que reavivou em Perls o velho amor pelo teatro, e também o lançou numa radical tentativa de abolir as dicotomias entre vida pessoal e profissional. Cada vez mais se distanciava do estilo de vida e trabalho dos psicanalistas, com os quais acabou se indispondo irremediavelmente.

Uma das personalidades centrais do grupo era Paul Goodman, intelectual, anarquista e crítico literário, que passou a fazer parte do primeiro círculo reunido em torno de Fritz e Laura, e que junto com Ralph Hefferline foi co-autor do segundo livro de Perls.[4] Hefferline lecionava psicologia na Universidade de Columbia, e experimentou com seus alunos os exercícios da "terapia da concentração",[5] descrevendo os resultados com algumas elaborações teóricas, o que veio a constituir a primeira parte do livro. Paul Goodman redigiu a parte teórica com base em anotações de Perls e muitas discussões com o casal. Foi Perls que insistiu no título "Gestalt Therapy", apesar das fortes objeções de Laura, que previa dificuldades com os representantes da Gestalt-psicologia acadêmica; de Paul Goodman que achou o nome esotérico, e também de Hefferline, cuja sugestão era algo como Terapia Integrativa. O livro foi publicado em 1951, com o título proposto por Perls e, em 1952, Laura e Fritz fundaram o "Gestalt Institute of New York". A nova abordagem terapêutica estava lançada. Sua história própria começava.

Até 1964, Perls, sempre irrequieto e aos poucos distanciando-se do grupo de Nova York, onde Laura e Goodman

---

4. Perls, F., Hefferline, R. e Goodman, P., *Gestalt Therapy — Excitement and Growth in the Human Personality*. Nova York, Dell Publishing Co., 1951 (18th printing).
5. Era esta a denominação usada naquele momento para o que viria a ser a Gestalt-terapia.

exerciam a liderança intelectual do Instituto e onde ele próprio sofria muitas críticas às suas idéias e atividades um tanto extravagantes, viajava pelos Estados Unidos, visitando grupos de profissionais interessados na nova terapia. Este trabalho resultou na formação de núcleos que mais tarde vieram a ser os Institutos de Gestalt-terapia de Cleveland, Los Angeles e San Francisco, atuantes até hoje e com muitas ramificações em outros lugares. Faltava a Perls tranqüilidade interior para aprofundar-se intelectualmente e manter relacionamentos afetivos e profissionais mais estáveis, embora os contatos feitos nas viagens tenham sido duradouros e importantes para o enraizamento da nova terapia. Nesta mesma época, ele aproveitou oportunidades de observar, participar e se deixar influenciar por pioneiros como Charlote Selver (conscientização corporal) e Moreno (psicodrama) e de se familiarizar com o zen-budismo, através do seu amigo e colaborador Paul Weiss.

Em 1962, num período de profundo questionamento, inclusive de seu papel de terapeuta, Perls fez uma viagem ao redor do mundo, ficando dois meses num mosteiro budista em Quioto, Japão, e um mês num *kibutz* em Israel. Em 1964, ele se radicou em Esalen (Califórnia), o mais conhecido dos centros *(Growth Center)* do movimento do potencial humano *(human potential movement)*. Esalen era, e ainda é, um lugar por onde passam milhares de pessoas em busca de novas experiências de vida e expressão pessoal em arte e ciência, filosofia oriental, conscientização sensorial, comunicação interpessoal, etc. Foi lá que Perls, durante cinco anos, ensinou Gestalt-terapia em programas de duração variável e onde a maioria das fitas, vídeos e filmes dos seus seminários foi gravada. Seu terceiro livro, publicado em 1969, *Gestalt Therapy Verbatim*, é a transcrição de palestras, seminários e sessões terapêuticas dessa época. Foi também lá que escreveu sua autobiografia, *In and out the garbage pail*.[6]

---

6. Publicados em português sob os títulos *Gestalt-Terapia Explicada*, São Paulo, Summus Editorial, 1977 e *Escarafunchando Fritz, dentro e fora da lata de lixo*, São Paulo, Summus Editorial, 1979.

Mais uma vez, em 1969, aos 76 anos, Perls mudou de país para formar uma comunidade gestáltica, uma espécie de *kibutz*, no Canadá, em parte motivado pela convicção de que uma experiência de vida comunitária supera qualquer tipo de terapia, em parte por problemas e insatisfações em Esalen e, finalmente, pela situação política nos Estados Unidos na época da guerra do Vietnã, interpretada por Perls como o advento de um fascismo norte-americano. Assim iniciou-se o "Gestalt Institute of Canada", onde Perls passou os últimos meses de sua vida, finalmente em paz, convicto de que sua abordagem gestáltica estava recebendo reconhecimento em muitos lugares nos Estados Unidos, como indicavam os inúmeros convites que recebia para dar conferências. Estava preparando mais um livro, *The Gestalt Approach to Therapy* publicado postumamente em 1973 [7] quando, numa destas viagens, foi internado em Chicago, falecendo em 14 de março de 1970.

O objetivo desta biografia resumida foi o de ressaltar as principais influências que Perls sofreu durante sua longa e movimentada vida. Ele era essencialmente um homem de intuição e ação, um perpétuo rebelde em busca de algo em que pudesse acreditar. Como teórico lhe faltou o fôlego para uma elaboração mais consistente de suas intuições. Creio que o mérito de Perls é o de ter se sensibilizado com os principais tópicos que, em grande parte, até hoje estão em pauta nas ciências humanas e o de ter transformado a sua inquietação intelectual e pessoal numa estratégia psicoterapêutica que continua demonstrando possuir vitalidade e dinamismo, ultrapassando seu impacto pessoal. Os tópicos principais com os quais Perls se preocupava se resumem em três:

— uma concepção da *relação corpo-mente* que fosse realmente integradora ao invés de dualista;

— *uma noção de configuração ou estrutura* que abrangesse a complexidade das inter-relações de fatores biológicos, psicológicos e socioculturais dos quais a experiência e o comportamento do homem são resultantes.

---

7. Publicado em português sob o título *A Abordagem Gestáltica e Testemunho Ocular da Terapia*. Rio de Janeiro, Zahar Editores, 1977.

— *um método de pensamento* que, afastando-se das explicações causais lineares, se aproximasse do método dialético ao focalizar interação e mudança enquanto processos contínuos de diferenciação, integração e rediferenciação de opostos.

2. FONTES E INFLUÊNCIAS

As principais influências que atuaram sobre Perls são: a psicanálise, a análise de caráter de Reich, a fenomenologia, a psicologia da Gestalt e a teoria organísmica de Goldstein, a filosofia existencial e, embora com certa reserva, o zen-budismo.

Psicanálise

Alguns dos questionamentos de Perls em relação à psicanálise já foram mencionados. Não é aqui o lugar de entrar mais detalhadamente nas suas afirmações teóricas. No entanto, é preciso ter em mente não só que sua leitura de Freud data de uma época em que o próprio Freud estava reformulando o seu pensamento, mas também que hoje existem releituras de Freud que colocam em perspectiva a totalidade de sua obra à luz de desenvolvimentos posteriores na filosofia, lingüística e na própria psicanálise. Assim, muitas das suas afirmações a respeito de conceitos freudianos hoje não se sustentam.

Em termos da prática terapêutica, desde cedo e mesmo ainda se identificando como psicanalista, Perls privilegia a "concentração" sobre a associação livre, isto é, ele se concentra e pede ao paciente fazer o mesmo, na percepção e conscientização da *forma* ou *gestalt expressiva,* no "aqui e agora" da situação terapêutica (postura e sensações corporais, movimentos, gestos, tom de voz, linguagem). Ao ficar atento ao que acontece na experiência do encontro terapeuta-paciente, este, ajudado pelos assinalamentos do terapeuta, vai se dando conta das eventuais interrupções, dissociações, lacunas, distorções que ocorrem. Ao invés de interpretar, Perls prefere ajudar o paciente a se dar conta destas ocorrências e a torná-las mais evidentes; ele formula propostas neste sentido para que o próprio paciente vá abrindo caminho para estabelecer relações e descobrir significados, até então ocultos. Encaminhando desta forma o processo terapêutico, freqüentemente, situações do passado não suficientemente elaboradas, "inacabadas" na terminologia de Perls, vêm à tona. Ao enfocar *como* o passado se manifesta no presente, mais do que *porque*, e ao reelaborar uma situação com toda a carga emocional retida nela, ocorre uma nova configuração do campo existencial presente, ou seja, ao "encerrar" a situação, ela perde sua carga energética, deixa de se reproduzir e repetir em formas dissimuladas ou sintomas para se tornar recordação.[8] Esta concentração, presença atenta, para aquilo *que* é e *como* é se expressa na intraduzível palavra da língua inglesa *awareness*, que engloba percepção e conscientização, interesse e presença ativa. Na medida em que percepção, orientação, concentração são funções egóicas, é preciso lembrar que Perls se afasta do Ego como "instância" psíquica da topologia freudiana e prefere conceituá-lo em termos de *processos e funções relacionais*.

A concentração na *forma* da expressão do paciente como via privilegiada aproxima-se da análise de resistências. No entanto, Perls não visa em primeiro lugar desfazê-las, e sim, usá-las como caminho para seguir o fio que leva à "Gestalt oculta". "O oposto dialético de resistência é assistência" ele escreve,[9] ou seja, as resistências representam energias valiosas

---

8. Perls escreve: "A psicanálise descreve o processo assim: a associação livre caminhará automaticamente para problemas inconscientes em função da atração magnética que estes exercem; ou: a pressão das pulsões é suficientemente forte para atingir a superfície, embora freqüentemente de forma distorcida e por vias indiretas. A psicologia da Gestalt provavelmente formularia o processo assim: a Gestalt oculta é tão forte que necessariamente se manifesta como figura, geralmente na forma de um sintoma ou outra expressão dissimulada. Não devemos perder o fio que leva do sintoma à Gestalt oculta. O método da associação livre não é confiável. Concentrando-nos *no* sintoma permanecemos no campo (embora na periferia deste) da Gestalt reprimida". *(Ego, Hunger and Aggression, op. cit.,* p. 189.)

9. Perls, F., *Gestalt Therapy, Excitement and Growth in the Human Personality, op. cit.,* p. 45.

das quais dispõe a pessoa, e que são prejudiciais somente quando aplicadas equivocadamente.

Como dito anteriormente, a discussão da teoria e prática psicanalíticas parte de uma comunicação feita por Perls no Congresso Internacional de Psicanálise, em 1936, que teve como tema "Resistências Orais". A repressão da agressividade oral se manifesta através de resistências orais tais como "sugar" o outro, "engolir" sem mastigar idéias, opiniões ("sapos") "abocanhar" (sem morder nem soltar), situações, oportunidades e pessoas. O título do livro que desenvolve este tema — "Ego, Fome e Agressão" — e refere precisamente à transformação das energias retidas nas resistências orais. Morder e mastigar, isto é, usar os dentes como instrumento de *destruição*, é condição para que a substância alimentar possa *construir* o organismo. O equivalente, a nível psicológico, significa dispor de energias agressivas a serviço de objetivos construtivos. Isto implica, entre outras coisas, em tornar-se seletivo e crítico diante daquilo que o mundo externo — família, escola, sociedade, — oferece como alimento mental, tomar posse do seu "sim" e do seu "não", deixando de fazer concessões excessivas.

Ainda de Freud, Perls guardou uma preferência pelo sonho como expressão e produção particularmente espontânea. Parafraseando Freud, ele chama ao sonho de "caminho real para a integração".[10] Na medida em que considera todos os elementos do sonho como aspectos da personalidade do sonhador, o trabalho com sonhos proposto por Perls é uma espécie de dramatização, em que o sonhador vai desempenhando o papel de cada um desses elementos, assim identificando-se com eles e conscientizando-os como aspectos próprios.

A análise de caráter de Reich

Perls reteve fortes influências da primeira fase de Reich, tanto assim que muitos gestalt-terapeutas, valorizando pre-

---

10. Perls, F., *Gestalt-terapia Explicada, op. cit.,* p. 98.

ferencialmente este aspecto, hoje combinam formas neo-reichianas de trabalho com a abordagem gestáltica.

Para o pensamento de Perls, a descoberta mais importante de Reich foi a de identificar resistências psíquicas em termos de "couraça muscular", reconhecendo-as na sua manifestação *corporal*. Perls introduziu a noção de "retroflexão" para designar a retenção de impulsos para a ação pela contração muscular na direção oposta. A noção reichiana de couraça muscular seria um estado crônico de retroflexão, porém Perls, sempre preferindo uma linguagem que indica processos e funções a uma linguagem reificante, não usava o termo "couraça muscular". O que sem dúvida foi decisivo para Perls, é a observação de Reich de que a dinâmica conflitual se revela mais na forma das comunicações do paciente do que no conteúdo. Uma diferença fundamental é que Perls não seguiu Reich na concepção do restabelecimento da função orgástica como foco principal da terapia, e formulava o resultado desejado do processo terapêutico em termos de auto-regulação, qualidade de contato e capacidade de ajustamento criativo. (Estas noções serão mais desenvolvidas no próximo capítulo.)

A psicologia da Gestalt e a teoria organísmica de Kurt Goldstein

Estas são as fontes conceituais mais reconhecíveis na linguagem usada por Perls em suas reformulações teóricas. Elas forneceram o corpo conceitual básico, que lhe permitiu distanciar-se do associacionismo e do mecanicismo que considerava como os substratos da psicanálise freudiana.

Perls conhecia parte das obras de Wertheimer, Köhler, Koffka e Lewin, mas seu contato direto foi com Goldstein e colaboradores. A teoria organísmica de Goldstein ampliou as bases da Gestalt-psicologia, tomando por objeto não mais *funções* psicológicas (por ex., percepção, aprendizagem), mas o *organismo* como um todo, nas suas funções e ações.

Se o associacionista necessariamente perguntava "de onde vem", na tentativa de identificar *uma cadeia causal,*

37

o gestaltista perguntava "como" um dado fenômeno é constituído, *de que forma se tecem as inter-relações entre suas partes, "em função do quê" se estrutura o todo de uma determinada maneira e não de outra.* Como ocorrem mudanças nesta estruturação? *Existe uma tendência direcional nestas mudanças?*

Uma das leis mais conhecidas da Gestalt-psicologia, a lei da "boa forma" ou "pregnância", afirma que sempre predominará aquela "configuração" (Gestalt, conjunto organizado de figura e fundo) que tiver uma organização mais estável, ordenada, harmoniosa, livre de fatores supérfluos ou arbitrários. Quando um evento qualquer altera este estado de equilíbrio, torna-se evidente a tendência das partes de se reorganizarem de tal modo que a energia se redistribui e o equilíbrio se restabelece no nível que as condições do "campo" ou contexto o permitirem.

O princípio de que *a organização é o dado primeiro* e que ela se dá numa configuração de figura e fundo, e as leis daí decorrentes, foram usados por Goldstein para apreender a dialética vital da relação organismo-meio e os processos de adaptação do organismo. Seu ponto de partida foram seus estudos com veteranos de guerra com lesões cerebrais. Ampliando seus achados para o comportamento em geral e para uma teoria de personalidade, Goldstein refere a noção de figura-fundo ao processo motivacional e comportamental, pelo qual o organismo seleciona no meio aquilo que necessita para a sua conservação.

Basicamente ele distingue duas dimensões: *os sistemas internos* de compensação fisiológica, funcionando "organismicamente" (i. é, como um todo inter-relacionado) no sentido de (r)estabelecer o equilíbrio (homeostase) e *os sistemas de contato,* sensoriais e motores, pelos quais o organismo obtém do meio o que precisa para atender às suas necessidades vitais. Sob este ponto de vista, o mundo não é para o organismo um mundo de "leis" físicas e químicas, mas um mundo de sinais e significados. Em circunstâncias adversas, o organismo desenvolve mecanismos adaptativos que podem ser mais funcionais, ou menos. Um sintoma é, antes de mais nada, uma forma de ajustamento.

Apesar do seu enfoque na interação vital organismo-meio, Goldstein, como neurólogo, parece ter como "figura" sobretudo o organismo e seus mecanismos adaptativos, enquanto o meio ou "fundo" fica pouco explicitado como conjunto de fatores físicos, sociais e culturais que modificam o organismo "natural". Nem sempre fica claro também que a noção de equilíbrio tem significados diferentes em física e biologia, e muito menos como se aplica ao comportamento humano nas suas dimensões sócio-culturais.

O modelo biológico de Goldstein é retomado por Perls quando escreve: "(...)a formação de uma Gestalt, a emergência de necessidades, é um fenômeno biológico primário. Assim, abolimos toda a teoria do instinto e considerarmos o organismo simplesmente como *um sistema que está em equilíbrio* e que deve funcionar adequadamente. Qualquer desequilíbrio é experienciado como necessidade a ser corrigida. (...) A situação mais urgente *emerge* e, em qualquer caso de emergência, você percebe que ela prevalece sobre qualquer outra atividade. Portanto, chegamos agora ao fenômeno mais importante e interessante de toda patologia: auto-regulação *versus* regulação externa." [11]

Embora Perls afirme insistentemente que a interação organismo-meio é física, biológica, psicológica e sócio-cultural, a linguagem e os exemplos por ele usados freqüentemente se referem ao que é biologicamente vital. A capacidade, especificamente humana, de não só perceber e se orientar em relação a um meio ambiente imediata ou virtualmente disponível, mas de se mobilizar em relação ao *ausente,* de escolher entre vários caminhos possíveis, de ultrapassar estruturas presentes para criar outras, tudo isso fica insuficientemente claro a nível conceitual, embora seja continuamente reafirmado, tanto na obra escrita quanto no trabalho prático.

---

11. Perls, F., *Gestalt-terapia Explicada, op. cit.,* p. 34. Discutiremos mais amplamente algumas destas noções nos próximos capítulos.

Uma influência importante, ainda, de Goldstein, se percebe na insistência de Perls em cuidados semânticos. Na observação de pacientes com lesão cerebral, Goldstein constatou que a perda da capacidade de abstrair e classificar resulta em limitação e distúrbios da orientação e da ação. E Perls aconselha: "Se você quiser melhorar (...), estude semântica, o melhor antídoto contra a frigidez do paladar mental. Aprenda a assimilar o núcleo das palavras, o sentido e significado de sua linguagem (...) Aprenda a mastigar, degustar, saborear o poder contido no *logos* de cada palavra (...) Desordem mental e emocional produz distorção de significados e uso errado da gramática." [12]

Entretanto, o próprio Perls, em escritos posteriores, deu margem a que se divulgasse uma imagem da abordagem gestáltica como sendo antiintelectual e antiverbal.[13] Lendo com certo cuidado estes textos e colocando-os no contexto de uma leitura mais completa dos livros de Perls, fica claro que ele se volta contra *certos tipos* de verbalização e pensamento que percebe como *desconectados da experiência vivida.* Também Laura Perls e Isador From, co-fundadores do primeiro Instituto de Gestalt, quando entrevistados sobre a história da Gestalt-terapia, deixam claro que esta imagem antiintelectual representa um equívoco.[14]

Fenomenologia e filosofia existencial

A postura fenomenológica da abordagem gestáltica está historicamente ligada à psicologia da Gestalt, cuja linha-mestra se inscreve na fenomenologia husserliana. Enquanto reflexão sobre a existência humana, ela encontra expressão nos filósofos existenciais, cujo pensamento teve ampla influência na cultura contemporânea e inspirou várias modalidades terapêuticas. Perls situa sua abordagem entre as

---

12. Perls, F., *Ego, Hunger and Aggression, op. cit.*, caps. 3, 5, 6 e 7 da 3.ª parte.
13. Principalmente em *Gestalt-terapia Explicada op. cit.*
14. Wysong, J. e Rosenfeld, E., *An Oral History of Gestalt Therapy, op. cit.*

terapias existenciais, das quais cita especificamente a "Daseinsanálise" de Binswanger e a "Logoterapia" de Frankl.[15]

A Gestalt-terapia tem em comum com as terapias da linhagem existencial a ênfase no homem-em-relação, na sua forma de estar no mundo, na radical escolha da sua existência no tempo, sem escamotear a dor, o conflito, a contradição, o impasse, encarando o vazio, a culpa, a angústia, a morte, na incessante busca de se achar e de se transcender.

A maneira de seguir atenta e minuciosamente as manifestações desta experiência na sua unicidade irredutível caracteriza uma postura fenomenológica e se afasta de tecnicismos desqualificados como "truques" pelo próprio Perls.[16]

Talvez tenha faltado uma maior explicitação destas bases fenomenológico-existenciais e, certamente, um maior aproveitamento da obra dos filósofos desta corrente. A função de Perls foi a de abrir pistas para quem quisesse segui-las. Como terapeuta, na sua prática, ele ficou conhecido pela incrível precisão com que sabia perceber qualquer nuança de voz, gesto e expressão, e pela capacidade de acompanhar pessoas nas travessias de caos e impasse.

Pensamento oriental

Desde seu encontro em Berlim com o filósofo Friedländer, Perls procurou pensar em desenvolvimento e mudança como processos dialéticos de diferenciação. Ao se distanciar da idéia de que existe algo como observação objetiva, ele se preocupou em achar o ponto de onde o observador de um evento consegue a visão mais ampla possível. Seguindo Friedländer, ele vê cada evento como sendo relativo a um momento ou ponto, que chama de "ponto zero", um ponto central indiferenciado, "indiferente" de onde se processa a diferenciação em opostos. Dentro do seu contexto, estes opostos são dimensões de um mesmo fenômeno. Ao ficar no centro, o observador pode desenvolver a capacidade de

---

15. Perls., F., *Gestalt-terapia Explicada, op. cit.,* p. 33.
16. Perls, F., *Gestalt-terapia Explicada, op. cit.,* p. 14.

41

evitar unilateralidades e sempre ficar alerto para os dois lados de uma questão. Friedländer falava em "indiferença criativa".

Já na época em que viveu na África do Sul, Perls começou a se interessar pelo zen-budismo, onde encontrou pontos em comum com a visão de Friedländer. Nunca mais se afastou deste interesse, embora sempre mantivesse certa reserva. Em *Ego, Hunger and Aggression* ele apresenta o círculo teoísta de Yin e Yang para ilustrar e esclarecer seu pensamento. A insistência em diminuir a atividade e acalmar o pensar agitado, para deixar emergir a forma e o ritmo mais fundamental da experiência presente, tem semelhança com o esvaziar da mente procurado na meditação oriental. O paradoxo, tão presente no pensamento oriental, permeia a linguagem de Perls: mudar é tornar-se o que já é; o árido é fértil; não tentar dominar uma dor pela supressão, mas acompanhá-la atentamente, é um meio para não ser dominada por ela; permanecendo no vazio, encontra-se o pleno; o momento do caos prenuncia uma nova ordenação desde que não se tente impor ordem.

Para descrever descobertas súbitas e intensas, Perls freqüentemente usava a palavra *satori,* que significa iluminação, preferindo-a ao termo gestáltico *insight* que seria o seu equivalente, referindo-se ao vislumbrar repentino de relações de significados até então não percebidos.

CAPÍTULO 3

INDIVÍDUO, GRUPO, SOCIEDADE

A primeira formulação da Gestalt-terapia enquanto tal, se deu na época em que Perls estava em contato direto com os culturalistas da escola psicanalítica norte-americana. Em toda sua obra se nota uma busca semelhante à destes, de clarificar as relações indivíduo-sociedade e articular os níveis biológico, psicológico e sócio-cultural. Em seu pensamento há um certo "vai e vem" e, em suas formulações sobre o comportamento humano, saúde e neurose, uma oscilação entre uma maior ênfase nas dimensões dinâmicas e econômicas intrapsíquicas, segundo sua formação psicanalítica original, e uma concepção que privilegia as dimensões inter-subjetivas e sócio-culturais. A sua intenção é, sem a menor dúvida, a de integrar estas dimensões mediante os conceitos de *campo, contato* e *fronteira de contato.*

Estes conceitos, centrais na Gestalt-terapia, são básicos também para a elaboração de um modelo conceitual de grupo e processos grupais condizentes com as premissas gestálticas, mas sobretudo correspondem ao eixo principal da preocupação de Perls, reconhecível em toda a sua obra, de encontrar uma conceituação e uma linguagem que pudessem superar o tradicional pensamento dicotômico, corpo-mente, sujeito-objeto, natureza-cultura, indivíduo-sociedade.

Seguem algumas citações que ilustram essa preocupação: "Em qualquer investigação biológica, psicológica e

43

sociológica devemos *partir da interação do organismo e seu meio*"(...) Chamemos a essa interação organismo-meio de *campo organismo-meio* e lembremo-nos de que, não importa como teorizarmos sobre impulsos, *drives*, etc., sempre estaremos nos referindo a tal campo de interação e não a um ser isolado(...) "A experiência ocorre na fronteira entre o organismo e seu meio"(...) "Experiência é a função desta fronteira. Falamos em um organismo contatando um meio, mas *é o contato que é a realidade mais simples e primeira*".[1]

"*É na fronteira de contato que os eventos psicológicos ocorrem.* Nossos pensamentos, ações e comportamento e nossas emoções são a nossa forma de experienciar e ir ao encontro destes eventos fronteiriços"(...). "Sullivan e seguidores se aproximam mais de uma consideração do jogo interacional no campo, mas mesmo no pensamento deles a ênfase é distorcida pelo dualismo básico dos conceitos. Nossa abordagem, que considera o ser humano como — *simultaneamente e por natureza* — um indivíduo e um membro do grupo social, nos fornece uma base operacional mais ampla".[2]

Perls pensa nas questões de saúde e neurose dentro desta concepção de campo, fronteira e contato. Organismo e meio se encontram numa *relação de mutualidade*. Uma qualidade de contato caracterizada por vivacidade e espontaneidade é a marca da saúde. Por outro lado, estereotipia, confusão, desconexão e outros distúrbios, mais ou menos acentuados e crônicos, de contato pertencem à esfera da patologia.

A relação de mutualidade não exclui o conflito. Nessa situação conflitiva, o indivíduo acaba sendo visto, freqüentemente, como vítima de um meio social defeituoso, que interfere nos processos espontâneos de desenvolvimento individual: "Se tivéssemos instituições razoáveis, tampouco

---

1. Perls, F., Hefferline, R. e Goodman, P., *Gestalt Therapy, op. cit.*, pp. 115 e 225.
2. Perls, F., *A Abordagem Gestáltica, op. cit.*, resp. pp. 31 e 64. Pelo contexto parece que Perls se refere à inter-relação entre o que Sullivan nomeia como "sistema do *self*" e "relações interpessoais".

haveria neuróticos. Ao invés de uma unidade dinâmica de necessidade e convenção social, na qual os seres humanos se descobrem e descobrem uns aos outros, constituindo-se criativamente, somos forçados a pensar em três abstrações em guerra — o 'mero' animal, o *'self'* individual exasperado e as pressões sociais." Mais adiante, já não considera o conflito como um "acidente" e, sim, como inerente à condição humana: "É provável que em nossa época exista um conflito irreconciliável entre uma desejável harmonia social e a expressão individual igualmente desejável(...) Por outro lado, é provável (mesmo sendo estas probabilidades contraditórias entre si) que esses conflitos irreconciliáveis *sempre fizeram parte da condição humana,* e que o sofrimento a eles ligado, e a mobilização em direção a uma solução desconhecida sejam as bases da excitamento humano."[3]

Mais especificamente sobre a neurose: "Todos os distúrbios neuróticos surgem da incapacidade do indivíduo de encontrar e manter o equilíbrio adequado entre si próprio e o resto do mundo, e todos têm em comum que, na neurose, a fronteira ambiental é sentida como estendendo-se demasiadamente sobre o indivíduo. A neurose é uma manobra defensiva para proteger-se contra a ameaça de ser sobrepujado por um mundo esmagador."[4]

Sem dúvida existe nas afirmações citadas a intenção de se opor a uma concepção de normal e patológico que vê, explicita — ou implicitamente, como meta da terapia o ajustamento do indivíduo à sociedade constituída. Ideologicamente, Perls e, sobretudo, Goodman, que em grande parte redigiu o primeiro livro, se qualificam como anarquistas e neles está sempre presente uma profunda crítica às instituições sociais vigentes. Daí a busca de estabelecer a qualidade de contato como critério de saúde e normalidade e, na terapia, uma ênfase na capacitação do indivíduo de se colocar crítica e autonomamente em relação ao meio

---

3. Perls, F., Hefferline e Goodman, *Gestalt therapy, op. cit.,* pp. 309 e 318.
4. Perls, F., *A Abordagem Gestáltica, op. cit.,* p. 45.

social. A idéia de *"ajustamento criativo"*, que inclui *autoregulação, abertura ao novo, contato vivo e vitalizante*, em contraposição a controle externo, dependência, agarramento ao passado e comportamento estereotipado, é o que desdobra este critério de saúde e norteia os procedimentos terapêuticos na abordagem gestáltica.

Ajustamento criativo tem a ver com a dialética de continuidade e mudança, com a inserção estrutural do novo no velho, para formar com ele uma nova configuração. A mobilidade estrutural do todo é a base da criatividade, enquanto cristalização estrutural é a fixidez do passado no presente.

Nesta perspectiva a noção de ajustamento criativo não se confunde com conformismo disfarçado. Pelo contrário, ele sugere a superação de estruturas relacionais que já não são funcionais, sem negá-las enquanto matriz. É o clássico tema de que fixidez e repetição se superam a partir do momento em que se toma posse do passado *enquanto história*. Transformar repetição em recordação é o que Perls chama de "encerrar situações inacabadas" para que novos espaços possam ser explorados. Por mais que algumas das suas afirmações nos últimos livros possam sugerir o contrário, o pensamento de Perls não pode ser entendido a não ser a partir de suas raízes na psicanálise.

ORIGENS DO CONCEITO DE ESPAÇO OU CAMPO

Os gestaltistas acadêmicos Köhler e Koffka introduzem uma diferenciação entre o meio enquanto físico ou geográfico e a dimensão especificamente psicológica do meio. Koffka elabora extensamente a idéia de um "meio comportamental" enquanto campo *percebido* e *significativo*. Neste contexto, ele conta a seguinte estória:

"Numa noite de inverno, em meio a uma violenta nevasca, um homem a cavalo chegou a uma estalagem, feliz por ter encontrado abrigo após muitas horas cavalgando na planície varrida pelo vento, na qual o lençol de neve havia coberto todos os caminhos e marcos que pudessem orientá-lo. O dono da estalagem caminhou até a porta, encarou o forasteiro com surpresa e perguntou-lhe de onde vinha. O homem apontou na direção oposta à estalagem, ao que o dono, num tom de pasmo e temor, disse: — Sabe que esteve cavalgando todo o tempo em cima do lago de Constança? — Dito isto, o cavaleiro tombou morto aos seus pés."[5]

O meio geográfico: o lago de Constança; o meio percebido: uma planície coberta de neve; o comportamento correspondente; atravessá-la *pensando* estar cavalgando em terra firme. A incongruência entre os dois resulta tragicamente inassimilável para o cavaleiro. Trazendo para mais perto o exemplo, será que podemos dizer que todos os habitantes de uma mesma cidade — seja qual for — *vivem* na mesma cidade, no que tange à percepção e experiência que eles têm da cidade, e o significado que ela tem para cada um? O nosso mundo é um mundo *percebido* e revestido de significados, segundo os quais pautamos o nosso comportamento.

Kurt Lewin, também originário da escola gestáltica, tentou usar a matemática topológica como modelo para descrever o campo ou "espaço vital" psicológico e social e entendê-lo como campo de forças. O espaço vital, entendido como um todo dinâmico, concreto e delimitado, se caracteriza por constituir uma *rede de relações* entre partes. A análise destas relações possibilita uma descrição explicativa dos eventos que ocorrem no espaço vital em questão, *uma explicação sistêmica* que se preocupa em traçar *como* um evento qualquer afeta e modifica o todo. Lewin não descarta a importância da *explicação histórica,* isto é, a resposta à pergunta pelo "por que" do evento em termos de sua gênese. Nitidamente, no entanto, ele dá prioridade à explicação sistêmica.

---

5. Koffka, K., *Princípios da Psicologia da Gestalt.* São Paulo, Cultrix, 1975, cap. 2.

Lewin descreve o espaço vital como composto de "regiões (intrapessoais, interpessoais, físicas, sociais), cujas demarcações são chamadas de fronteiras ou zonas fronteiriças. O comportamento de um indivíduo ou grupo é concebido como "locomoção" fronteiriça segundo "vetores" de atração ou repulsa.[6]

Esta forma sistêmica de pensar está na base das formulações de Perls. Com toda força ele privilegia o "como" mais que o "por que", a análise da estrutura da experiência presente mais que a busca das explicações genéticas, embora, como Lewin, não desconsidere o fato de que elementos do passado fazem parte do campo presente.

No entanto, Perls não seguiu Lewin nas suas concepções topológicas. Sua inspiração fundamental foi o modelo biológico de Goldstein. A "Gestalt" sob consideração é o organismo vivo na sua relação adaptativa com seu meio. Esta relação não se rege por leis, mas por transações preferenciais pelas quais um organismo delimita e seleciona para si um meio propício onde desenvolve formas próprias e possíveis de autoconservação, as mais funcionais que as condições presentes o permitirem. Goldstein — e Perls o segue neste ponto — ressaltava as potencialidades "naturais" inerentes ao organismo para o que denomina "crescer" e "auto-atualizar-se". As influências determinantes e transformadoras do meio sobre o organismo e seu desenvolvimento são menos elaboradas e, via de regra, vistas como forças desestruturantes do potencial "natural".

A dinâmica das transações organismo-meio é descrita como um processo contínuo de surgimento de "figuras" motivacionais que mobilizam o organismo como um todo na sua percepção, orientação e ação. O que surge como figura é aquilo que o organismo necessita em dado momento para satisfazer a necessidade mais premente e, assim, restabelecer seu estado de equilíbrio.[7]

---

6. Lewin, K., *Problemas de Dinâmica de Grupo*. São Paulo, Cultrix, 1970 e *Princípios de Psicologia Topológica*. São Paulo, Cultrix, 1973.
7. Mais adiante a noção de "satisfação de necessidades" será discutida.

Contato e fronteira

O que Perls chama de "ciclo de contato" é este processo desencadeado a partir de uma sensação vaga, que vai se tornando "figura", até chegar à mobilização da energia e à ação que atende à necessidade em questão. Uma vez atendida a necessidade, a figura cede, o organismo está em equilíbrio até que surja uma nova figura motivacional. Este ciclo de contato mobiliza o organismo em todas as suas dimensões, os sistemas vegetativo, sensorial, motor e cognitivo. *Contato é esta conjunção articulada de motivação, percepção, afeto, cognição e ação.* Contato ocorre dentro de um campo composto de inúmeras partes ou "regiões", o que implica na existência de delimitações ou *fronteiras.* Convém ressaltar que uma fronteira, na linguagem sistêmica — tanto de Lewin como de Perls e de outros autores — não é uma demarcação física que separa regiões ou elementos do campo. Trata-se de um conceito *funcional* que se refere à *diferenciação* e à *interdependência* dos elementos. Contato sempre é um evento que ocorre naquela área fronteiriça onde, em dado momento, a ação de uma parte sobre outra se intensifica.

Entre as fronteiras do campo organismo-meio, Perls enfatiza a do eu-não-eu. Embora as aparelhagens sensorial, motora e cognitiva possam parecer, do ponto de vista do indivíduo, elementos intra-sistêmicos, no ato sempre se manifesta como *relação.* "Embora falemos de um organismo que entre em contato com seu meio, a realidade primeira e fundamental é o contato."[8]

Contato implica em atração e rejeição, em aproximação e distanciamento, em sentir, avaliar, discernir, comunicar, lutar, detestar, amar. Perturbações de discriminação e de ritmo nos movimentos de aproximação e retraimento, abertura e fechamento são *distúrbios de contato*, caracterizados, em grandes linhas, por excesso de rigidez de um lado, ou de permeabilidade por outro, levando o indivíduo, enquanto parte do campo, respectivamente, ao isolamento ou à perda

---

8. Perls., F., Hefferline e Goodman, *Gestalt Therapy, op. cit.*, p. 225.

de diferenciação e identidade. As inúmeras formas em que se manifestam distúrbios de contato compõem uma "psicopatologia" descritiva que orienta os trabalhos terapêuticos e educativos.[9]

A noção de contato, assim entendida, como base relacional fundamental e originária daquilo que se apresenta à nossa experiência como eu-outro, sujeito-objeto, internoexterno, constitui a base fenomenológica da abordagem gestáltica e é o cerne de sua metodologia.

AS EVOLUÇÕES NA PRÁTICA DO TRABALHO COM GRUPOS

Apesar de terem raízes comuns na psicologia da Gestalt, por sua vez filosoficamente ligada à fenomenologia, Perls e Lewin desenvolveram aspectos diferentes. Lewin, como psicólogo social (embora também tenha desenvolvido uma teoria da personalidade), concentrou-se em mudança social, elaborando conceitos e uma metodologia de pesquisa e intervenção que encontram aplicação na compreensão da dinâmica de pequenos grupos, das estruturas organizacionais e sociais e seus mecanismos de mudança.

Perls, como médico e psicoterapeuta, concentrou-se em mudança pessoal, embora almejasse superar o plano individual e atingir estruturas sociais. Ambos encaravam o indivíduo a partir de uma perspectiva sistêmica, mas enquanto Lewin focalizava as instituições sociais (sem perder de vista o indivíduo), Perls, embora muito atento à mutualidade indivíduo-sociedade, como mostram as citações acima, na prática terapêutica enfatizava a dinâmica do contato intra e interpessoal, sempre na perspectiva de promover no cliente a tomada de posse de seus recursos próprios como instrumental para o intercâmbio criativo com o seu meio.

Dada esta focalização de aspectos diferentes, foi possível a Gestalt-terapia e a Dinâmica de Grupo se desenvolverem

---

9. Apresentada e discutida nas obras citadas de Perls e nas de Latner, Polster e Polster, Zinker (v. Bibliografia).

nos Estados Unidos na mesma época (década de 50 e início de 60), paralelamente e sem grandes enriquecimentos mútuos.

Outros fizeram tentativas nesta direção, tanto que, em 1963, foi editado um livro que se propõe a estabelecer uma "ligação inicial" entre psicoterapia de grupo e teoria de dinâmica grupal.[10] Nesta obra há referência a autores como Bion, Foulkes, Anthony, Bach, Thelen, Whitaker, Lieberman, Moreno e outros, mas não a Perls e à Gestalt-terapia.

Foi em 1966 que Perls se posicionou publicamente em relação à psicoterapia de grupo, em conferência proferida para a "American Psychological Association". Nessa conferência, intitulada "Terapia Individual *versus* Terapia de Grupo", ele colocou: "Durante algum tempo tentei resolver este conflito em Gestalt-terapia, pedindo a meus pacientes que se submetessem a ambas. Ultimamente, entretanto, eliminei totalmente as sessões individuais, exceto nos casos de emergência. De fato, cheguei à conclusão de que toda terapia individual é obsoleta. (...) Em meus *workshops* agora integro o trabalho individual e grupal. Entretanto, isto somente tem resultado com o grupo, *se o encontro do terapeuta com o paciente individual dentro do grupo for efetivo.*"

E mais adiante: "Nos meus *workshops* de Gestalt, quem sentir necessidade, pode trabalhar comigo. Estou disponível, mas não forço nada. Uma díade é desenvolvida, temporariamente, entre o paciente e eu, mas o resto do grupo é totalmente envolvido, *embora raramente como participantes ativos.* Na maioria das vezes, eles agem como uma platéia, que é estimulada pelo encontro a fazer um pouco de autoterapia silenciosa(...) Em contraste com o tipo usual de encontros grupais, *eu carrego o peso da sessão, ou fazendo terapia individual, ou conduzindo experimentos coletivos.* Freqüentemente interfiro quando o grupo começa a fazer o jogo de opinar ou interpretar, ou a ter interações mera-

---

10. Rosenbaum, M. e Berger, N., *Group Therapy and Group Function.* Nova York, Basic Books, 1963.

mente verbais sem substrato experiencial; mas mantenho-me fora quando algo genuíno ocorre."[11]

Mais tarde, Perls foi mais longe, dizendo: "Agora estou começando aos poucos a perceber que os *workshops* e a terapia de grupo também são obsoletos, e no ano que vem vamos dar início ao primeiro gestalt-*kibutz*.(...) A divisão entre a equipe terapêutica e os participantes será superada. O principal é o espírito de comunidade propiciado pela terapia. Vamos chamá-la assim por enquanto, na falta de uma expressão melhor".[12]

Laura Perls, em conferência proferida no Congresso da Associação Européia de Análise Transacional em 1977, observa que o estilo de Perls foi desenvolvido em *workshops* e seminários de demonstração para profissionais já atuantes na área clínica, e representa apenas uma das muitas possibilidades na abordagem gestáltica. "Infelizmente", como ela diz, "este estilo tem sido amplamente considerado como a Gestalt-terapia por excelência."[13] Embora ela não se refira especificamente ao modelo grupal, esta afirmação também se lhe aplica, pois a própria Laura, na sua prática, presta muita atenção aos processos grupais e o mesmo vale para outros seguidores de Perls.[14]

O passo seguinte agora é elaborar, de forma mais explícita, como os conceitos básicos da Gestalt-terapia, expostos neste capítulo, podem ser estendidos para a compreensão da configuração "grupo", considerando-o não só como um fundo do acontecer terapêutico individual, mas também como uma constelação dinâmica de forças determinante do rumo que a situação figural vai tomar. E mais: que também se impõe como figura. Se por um lado o grupo é

---

11. Perls, F., "Terapia de Grupo *versus* Terapia Individual", em: Stevens, J. (org.) *Isto é Gestalt*, São Paulo, Summus Editorial, 1975, pp. 29-36.
12. Perls, F., *Gestalt-terapia Explicada, op. cit.*, p. 106.
13. Perls, L., "Concepts and Misconceptions of Gestalt Therapy", em: *Voices*, 1978, *14*: 31-37.
14. Rosemblatt, D., "Introduction to a Festschrift for Laura Perls in Celebration of her 75th Birthday", em: *The Gestalt Journal*, 1980, *3*: 5-15. Entre os outros, notadamente Joseph Zinker em: *Creative Process in Gestalt Therapy, op. cit.* e Feder, B. e Ronall, R. em: *Beyond the Hot Seat, op. cit.*

52

constituído de partes, por sua vez compostas e complexas, por outro lado ele se insere em um meio social mais amplo com o qual mantém relações de mutualidade. A rede de inter-relações em todos os níveis e em contínuo movimento que constitui a "dinâmica grupal", é passível de descrição e análise em termos destas inter-relações. Precisamente em função da necessidade de apreender as articulações desta rede complexa que é um grupo, surgiram valiosas contribuições de autores que nas suas reflexões teóricas sobre grupos (terapêuticos e outros) se voltaram para a Teoria Geral de Sistemas, que vem se desenvolvendo e está servindo de modelo em várias áreas das ciências humanas, sobretudo na sociologia e na psicologia social.

CAPÍTULO 4

GESTALT E SISTEMAS

Por que introduzir a noção de sistema? "Gestalt" — configuração — já não é um conceito sistêmico? Não se refere justamente à qualidade estruturada de um "todo" cujas partes são de tal forma inter-relacionadas que a modificação de uma delas modifica o todo?

De novo é preciso situar a questão em perspectiva histórica. A psicologia da Gestalt surgiu e se desenvolveu a partir da segunda década do nosso século no contexto de grandes reviravoltas nas ciências e na filosofia. Privilegiando como foco das suas investigações fenômenos de inter-relação, de ordenação e organização, ela se contrapõe ao associacionismo que marcava a psicologia da época. Como tal, ela representa um marco de grande importância na história da psicologia.

Ao repensar funções psíquicas como percepção, memória, aprendizagem, a psicologia da Gestalt forneceu subsídios para teorias sistêmicas de personalidade e de grupos sociais. Ao mesmo tempo, a noção de Gestalt enquanto um "todo" dinamicamente se diferenciando em figura e fundo segundo certas leis e seguindo certas direções, não se mostra suficiente para abranger a complexidade dos eventos motivacionais e comportamentais de indivíduos e grupos sociais. No fim do seu livro *Princípios da Psicologia da Gestalt*, Koffka constata: "A teoria da Gestalt tem sido muito coerente em seu desenvolvimento. Ela estudou as leis fundamentais da psicologia, primeiro sob as mais simples condições, em problemas bastante elementares de percepção; depois incluiu conjuntos cada vez mais complexos de condições, dedicando-se ao estudo da memória, do pensamento e da ação. Começou a abordar as condições em que a própria personalidade entra na investigação. *Mas como se trata de um mero primórdio, parece-nos mais sensato dar tempo ao tempo.*[1]

Não só a psicologia da Gestalt, mas também a teoria do campo e as teorias organísmicas representam os primeiros modelos sistêmicos em psicologia. Preocupando-se com a dinâmica inter-relacional de conjuntos complexos, sua organização, regulação e direção, estas teorias representam um enfoque novo, distinto dos modelos clássicos da relação causa-efeito e da transformação de energia. Lei de pregnância ou boa forma, equalização, homeostase são alguns dos termos usados para referir-se a processos tendentes a um equilíbrio dinâmico. Trata-se de processos identificáveis sobretudo em sistemas vivos, que dizem respeito não só à manutenção de estados relativamente constantes frente a variações internas e externas, mas também à tendência em direção à diferenciação e organização cada vez maior dos seus componentes.

No entanto, a dificuldade de se desvencilhar de conceitos pertencentes a outras áreas de conhecimento levou a transposições conceituais que, às vezes, obscurecem mais do que esclarecem. Isto vale tanto para conceitos da física como equilíbrio, força, campo, vetor, quanto para noções como crescimento e homeostase da biologia e da fisiologia.

Um novo desenvolvimento da perspectiva sistêmica se deu na década de 40 quando o biólogo Ludwig von Bertalanffy explicitou o que denominou de "Teoria Geral de Sistemas" como *abordagem interdisciplinar de fatos multi-variáveis e caracterizáveis precisamente pelo fato e pela forma de sua organização*, fatos, portanto, que não são abor-

---

1. Koffka, K., *Princípios da Psicologia da Gestalt, op. cit.*, p. 687.

dáveis pelo método de isolar e manipular variáveis. É notável que na lingüística, na antropologia, na psicanálise, o estruturalismo tornou-se na mesma época a corrente dominante a se preocupar com as inter-relações dos elementos pertencentes a um mesmo conjunto.

A proposta de von Bertalanffy é construir modelos e descobrir os princípios gerais aplicáveis a sistemas complexos de qualquer natureza — biológicos, ecológicos, psíquicos, sociais, econômicos, culturais — que não sejam vagas analogias e tampouco transposições de conceitos e modelos de uma área de conhecimento para outra.

Escreve von Bertalanffy:

"Pode-se chamar de 'homeostase psicológica' o escalar montanhas, compor sonatas ou poemas líricos — como tem sido feito —, porém com o risco de que este conceito, fisiologicamente bem definido, perca todo o seu sentido. *Além do mais, se o princípio de manutenção homeostática for tomado como regra de ouro do comportamento humano, o fim último será o chamado indivíduo bem ajustado, isto é, um robô bem lubrificado que se mantém na mais desejável homeostase do ponto de vista biológico, psicológico e social.*"[2]

Com esta observação, von Bertalanffy mostra as possíveis conseqüências ideológicas quando um modelo como o homeostático for indevidamente estendido para as ciências humanas, onde pode vir a representar um modelo basicamente reativo e "conservador".

A Gestalt-terapia, ligada aos modelos sistêmicos iniciais, é herdeira da tendência de transpor modelos e conceitos. Ao se opor a uma concepção mecanicista do homem e a uma psicologia associacionista, Perls apoiou-se na psicologia da Gestalt e, principalmente, na elaboração desta na teoria organísmica de Goldstein. E, necessariamente, sua

---

2. Bertalanffy, L. von, "General System Theory — A Critical Review", em Buckley, W. (org.), *Modern System Research for the Behavioral Scientist*. Chicago, Aldine Publ. Co., 1968, p. 25.

limitação coincide com a própria limitação dos conceitos usados.

Quando ele descreve o comportamento humano em termos de um processo contínuo no qual "necessidades" surgem como "figuras" a partir de um "fundo" que é a pessoa como um todo, com sua história e experiência, situado no seu espaço e tempo — no "seu mundo" —, ele usa a descrição do processo de percepção dos gestaltistas para o processo motivacional. Várias perguntas se impõem. Primeiro, se a noção de Gestalt diferenciando-se em figura e fundo é uma metáfora descritiva válida para descrever a complexidade dos acontecimentos da motivação e ação humanas. Segundo, a que exatamente se refere o termo "necessidade". Terceiro, se o modelo chega a elucidar o que Perls deseja, que é precisamente a *interação* de fatores físicos, biológicos, psíquicos e sócio-culturais.

Quanto à noção de Gestalt, uma das suas insuficiências, quando estendida para outros campos que não a percepção, é a tendência de ver o "todo" — qualquer todo que estiver sob consideração como se fosse algo completo em si, e de se concentrar no que acontece dentro dele. No entanto, cada "todo" tem uma posição e inserção num contexto mais amplo com o qual existe uma relação recíproca. Assim, cada "todo" tem duas faces: para dentro é composto de partes inter-relacionadas, para fora é uma parte pertencente a um outro "todo" que, por sua vez, também tem duas faces.[3]

A "pessoa como um todo" entendido como o fundo de onde surgem as figuras motivacionais é um "todo" tão composto e complexo que falar em "fundo" não esclarece muito. Aqui se insere também a crítica teórica ao modelo grupal em Gestalt-terapia tal qual Perls o descreveu. No processo de formações figura-fundo, ele entende como "figura" o encontro diádico terapeuta-cliente, surgindo de um "fundo" que é o grupo ou processo grupal, sem que este

---

3. Esta temática se encontra elaborada em Koestler, A., *Jano, uma Sinopse*. São Paulo, Melhoramentos, 1981.

seja visado na complexidade de suas articulações internas e na sua relação recíproca com o contexto social mais amplo.

Focalizando não só as relações entre partes formadoras de um "todo", mas também os entrecruzamentos de diversos sistemas e *a sua articulação*, a teoria de sistemas amplia e enriquece o modelo sistêmico dos gestaltistas.

Percebe-se a dificuldade com a qual luta Perls quando, em contrário a sua própria intenção, não escapa a justaposições. Assim, por exemplo, quando fala em necessidades, freqüentemente ele estende explicitamente a noção de necessidade para "além" da esfera da sobrevivência do organismo biológico para incluir "também" necessidades psicológicas, sem ultrapassar, de verdade, o modelo biológico usado. Tanto na psicanálise quanto na fenomenologia — suas fontes — as tentativas de elucidar as articulações entre as esferas do biológico, do psíquico e do social são mais elaboradas. No seu sentido preciso, uma necessidade, a nível vital, provoca um estado de tensão interna que pode ser aliviada por uma *ação específica*, conduzindo ao *objeto adequado* capaz de satisfazer a necessidade e restabelecer o estado de equilíbrio do organismo.

Freud traça um caminho do biológico para o psíquico, interpondo entre necessidade e objeto de satisfação a noção de *representação psíquica* de satisfação. O que move o ser humano não é o binômio necessidade-satisfação, mas a *pulsão* em direção à realização de um *desejo*. Em termos evolutivos a satisfação das necessidades vitais de um recém-nascido é também e de imediato colorida pela experiência de que esta satisfação é mediada por uma pessoa que cuida, fornecendo alimento, calor etc. Não só a sensação dolorosa da tensão e prazerosa do alívio, mas também a experiência, prazerosa ou não, decorrente da vinculação com a pessoa que cuida, ficam registradas como se fossem sinais que vão formando imagens. O que a partir daí impulsiona o homem não é mais a necessidade enquanto tal (salvo situações extremas), mas a reativação das imagens, o *desejo* de reproduzir experiências sinalizadas como prazerosas e de evitar as que carregam sinais negativos. O desejo se origina e se calca em necessidades, mas *enquanto desejo* está desvinculado delas. E enquanto desejo também não tem objeto único ou determinado de satisfação. Por outro lado, nenhum objeto real preenche totalmente o desejo. E precisamente o espaço desta falta, a nível do desejo, é fundamental para a constituição do eu psíquico, do ser humano como sujeito e como transformador da natureza dada.

Em termos de articulação estrutural, o fenomenólogo Merleau-Ponty situa a ordem existencial humana como reestruturando e "re-significando" a ordem vital biológica. Não se pode entender a percepção e a ação do homem sobre o seu mundo em termos da dialética vital do organismo e seu meio. Diz ele: "A relação de cada ordem com a ordem superior é a de parte e todo. Um homem normal não é um corpo portador de instintos autônomos, juntados a uma vida psicológica definida por certos processos característicos — prazer, dor, emoção, associação de idéias — e coroado por um espírito que desenvolveria seus atos próprios sobre esta infra-estrutura. O estabelecimento da ordem superior, à medida que se realiza, suprime, *como autônomas,* as ordens inferiores e *confere um novo significado aos seus elementos constitutivos."* [4]

O que constitui a condição propriamente humana é poder ir além de manter estruturas e relacionar-se com estruturas dadas, é a capacidade de criar *novas estruturas* pelo fato de poder abstrair e encarar um mesmo objeto sob uma pluralidade de aspectos. O homem não é capaz apenas de usar esta vara para alcançar aquela banana. Ele conceptualiza aquilo que reconhece como galho de árvore como instrumento para qualquer uso virtual, inclusive o de fabricar outros instrumentos. Ele se orienta em relação ao ausente: ao imaginável, desejável, realizável. O seu espaço próprio é o espaço da temporalidade, da transformação e da criação.

---

4. Merleau-Ponty, M., *La Structure du Comportement,* Paris, P.U.F., 1972, p. 191.

O modelo organísmico da relação homem-mundo que subjaz à Gestalt-terapia não é satisfatório, do ponto de vista conceitual, para abranger as inter-relações das múltiplas dimensões sistêmicas que estão em jogo. A Teoria de Sistemas cujos inícios se situam na década de 20, mas que não foi explicitada antes dos anos 40, abre novas possibilidades de se pensar sistemicamente com maior nível de abstração de sistemas naturais, quer físicos ou biológicos.

INCURSÕES NA TEORIA DE SISTEMAS

Como prolongamento do que Koffka chamou de "primórdios" do pensamento sistêmico, as pesquisas mais recentes podem ajudar a criar modelos e quadros de referência que acentuam não só as semelhanças, mas também as diferenças estruturais entre tipos de sistemas. Obviamente, não se trata aqui de entrar fundo na teoria de sistemas, e sim, de explicitar alguns conceitos fundamentais.[5] Muito do que segue pode parecer um desvio dispensável em relação à compreensão dos fenômenos grupais, uma vez que nem sempre é possível estabelecer uma ligação direta com a prática. No entanto, como quadro de referência geral para pensar eventos psíquicos e sociais, representa uma perspectiva extremamente fértil e, talvez, ainda pouco explorada na psicologia.

A definição mais ampla de sistema diz o seguinte: "Sistema é um conjunto de objetos que se caracteriza pela inter-relação entre estes objetos e seus atributos".[6] Os componentes sistêmicos focalizados pela teoria de sistemas não são primariamente os "objetos" enquanto físicos ou materiais, mas sobretudo leis, regras, funções, processos, equações. O foco passa da substantividade das partes para os

---

5. Principais fontes usadas: Buckley, W., *Modern System Research...*, *op. cit.* Idem, *A Sociologia e a Moderna Teoria de Sistemas, São Paulo, Cultrix, 1976.*
6. Hall, Q. D. e Fagen, R. E., Definition of System, em Buckley, W., *Modern System Research...*, *op. cit.*, p. 83.

processos inter-relacionais entre elas, o que torna viável o estudo comparativo de sistemas de diferentes naturezas.

O método de estudar sistemas é indagar sobre:

— a sua *estrutura,* isto é, qual o seu contorno, quais as suas partes, como se inter-relacionam internamente e com o meio externo, ou seja, com outros sistemas;

— o seu *funcionamento,* isto é, como se processa dentro de um sistema a transformação daquilo que recebe *(input)* naquilo que devolve ao meio *(output);*

— a sua *evolução,* isto é, como se comporta o sistema frente a mudanças que sofre ao longo do tempo, quais seus dispositivos de correção, diferenciação, renovação; como ocorrem seu desgaste e sua desintegração enquanto sistema.

Novamente, é importante ter em mente que estrutura não deve ser entendida como substantiva. Ela é abstrata, impalpável, porém detectável através do contínuo acontecer dos processos inter-relacionais dos quais é uma representação temporária. Um exemplo pode ser uma língua. Em si, ela é uma estrutura detectável na sua manifestação· concreta que é a fala. No entanto, a língua, enquanto estrutura, regula as relações possíveis entre palavras — ela é uma presença ausente a toda a fala humana, e esta, no seu acontecer, vai modificando a língua.[7]

É o conjunto de *relações funcionais* relativamente estáveis que faz com que um conjunto faça jus ao termo sistema. Um saco de batatas em si não é um sistema; um comércio de batatas, uma plantação de batatas são sistemas, e até uma só batata. Básico é que haja função, isto é circulação de matéria, energia e informação que resulte em algum tipo de transformação.

---

7. Coelho, E. Prado (org.), *Estruturalismo — Antologia de Textos Teóricos — Introdução.* Lisboa, Portugália, 1967.

Ao considerar a *evolução* de sistemas é preciso fazer uma distinção fundamental entre sistemas *fechados* e *abertos*.

O sistema fechado é aquele dentro do qual circula energia, mas que por si só não mantém trocas de energia ou matéria com o meio. O exemplo mais clássico e radical é o de uma reação química que se passa dentro de um *container* totalmente vedado. Menos hermeticamente fechado é o motor de um carro que, para funcionar, precisa de combustível, mas que não é por si capaz de extraí-lo do meio. Uma vez abastecido e bem articuladas as partes, o carro tem certo grau de autonomia de funcionamento; porém, não havendo *input* de combustível, acabará o *output* de energia e o motor "morre".

Para os sistemas *fechados vale a segunda lei da termodinâmica* da mecânica. Esta afirma que tal sistema tende para a *entropia,* isto é, evolui para um estado de equilíbrio estático que se caracteriza por perda de diferenciação entre partes, até chegar à indiferenciação total ou inércia. Além de não possuir dispositivos autônomos de troca com o meio, sistemas fechados tampouco dispõem de dispositivos internos de mudança ou correção, eles não são auto-reguladores. O motor do carro depende do mecânico para regulagem e reparos.

Até há relativamente pouco tempo a segunda lei da termodinâmica era considerada válida para todos os sistemas. Foi em 1942 que um físico, Erwin Schrödinger, refutou a aplicabilidade universal desta lei, ao distinguir entre sistemas cuja tendência direcional é entrópica e outros que possuem dispositivos *negentrópicos,* ou seja, são capazes de se diferenciar e organizar em níveis cada vez mais complexos, de se auto-regular e regenerar. São os *sistemas abertos* que podem ser inorgânicos, orgânicos, humanos, sociais, econômicos, etc.

Dizer que um sistema é aberto se refere em primeiro lugar às trocas que mantém autonomamente com o seu meio, tanto de matéria e energia, quanto de sinais informativos. E, em segundo lugar, aos intercâmbios internos entre partes que resultam em mudança do próprio sistema no que diz respeito a seu funcionamento e à sua estrutura. É justamente esta possibilidade de mudança que garante a continuidade do sistema.

O jogo contínuo das relações entre partes e com o meio, mediado por trocas de matéria, energia e informação, a inserção de um sistema "inferior" em um "superior", as relações hierárquicas complexas, a maior ou menor liberdade de mudança são específicos para cada tipo de sistemas e para cada sistema individual. No entanto, algumas características gerais são reconhecíveis em todos:

1) Os elementos, enquanto partes de um conjunto têm regras de funcionamento diferentes das que regem cada um desses elementos (que, por sua vez, também podem ser sistemas); 2) a alteração em qualquer um dos sistemas-elementos provocará a alteração de todos os outros e do todo; 3) o "valor" relativo de cada sistema-elemento não depende do que ele é por si mesmo, mas sobretudo da posição que ele ocupa no conjunto; 4) as inter-relações entre partes em sistemas de natureza complexa não se fazem exclusiva ou mesmo primordialmente por transmissão de energia ou matéria, mas dependem sobretudo de fluxos de informação, sistemas de sinalização ou linguagens. Isto vale tanto para sistemas bioquímicos, orgânicos e ecológicos, quanto para psicossocioculturais, sendo que cada tipo de sistema tem seu código de sinais, sua linguagem própria. Esta mudança de enfoque do fluxo energético para o fluxo de informação é de importância central na diferenciação entre sistemas e para a compreensão do seu funcionamento. Sem falar nas imensas conseqüências para a constituição da informática como campo e objeto próprio de investigação e aplicação.

O PAPEL DA INFORMAÇÃO NA CONCEPÇÃO SISTÊMICA

Entre as trocas que ocorrem em sistemas abertos, o processamento de informações intra e inter-sistêmicas passou a ser o objeto específico da cibernética (do grego *kubernetès* = timoneiro), que colocou em evidência a importância do fluxo informativo como dispositivo de correção, regulação e mudança de um sistema.

Informação, no sentido aqui empregado, não tem a conotação de notícia ou conhecimento, mas se refere ao levantamento e processamento daqueles dados que promovem em um sistema uma mudança em capacidade e qualidade de ação. Ela possibilita a modificação de normas e funções estruturais à medida que estas deixam de ser funcionais.

Organismos biológicos possuem seus códigos informativos (é incalculável, por exemplo, a importância da descoberta de um código genético). Porém, comparados com sistemas psicossociais, os últimos se distinguem pela liberdade infinitamente maior de suas partes se reagruparem efetivamente, determinarem novos padrões e regras de funcionamento. No nível humano e sócio-cultural, as possibilidades de manipulação e combinação de símbolos arbitrários são quase inesgotáveis e capacitam os sistemas para a autoreflexão consciente. Os componentes de sistemas sócio-culturais são inter-relacionados quase inteiramente por comunicações e significados que, em grande parte, são criações do próprio sistema.

Quanto mais complexo um sistema, isto é, quanto maior o grau de variabilidade e liberdade que o caracteriza, tanto maior o grau de imprevisibilidade ou *"incerteza"* existente dentro dele. O armazenamento e o fluxo de informação são os dispositivos fundamentais para *reduzir incerteza,* ou seja, de conseguir um certo grau de controle e previsibilidade. Uma vez que o sistema, a partir da circulação de informações, *seleciona entre alternativas possíveis,* a informação é fundamental para a tomada de *decisões* que *direcionam* a ação.

A funcionalidade de um sistema — e em nosso contexto sempre pensamos especificamente em sistemas psicossocioculturais — depende do fluxo adequado de três tipos básicos de informação: 1) informação a respeito do *mundo externo* ao sistema, continuamente renovada (mapeamentos); 2) informação *armazenada,* acessível e passível de múltiplas recombinações dos dados (memória); 3) informação acerca do *seu próprio funcionamento* sob todos os aspectos possíveis *(feedback).*

A partir destas considerações, parece possível incluir no conceito de contato, como ele é usado em Gestalt-terapia, o acesso à informação das três modalidades mencionadas. Quanto mais amplo e livre de distorções este acesso for, tanto maior possibilidade terá uma pessoa de enxergar novas alternativas de ação e de modificar estruturas relacionais ultrapassadas.

A reorganização, provocada por novas "informações", e o conseqüente redirecionamento da energia para a ação resultam no "ajustamento criativo". Criatividade pressupõe discernimento diante do novo, para dele selecionar o que é funcional e pertinente, rejeitar o que é irrelevante e nocivo. Em outras palavras, trata-se de processos contínuos de *decisão* com base em informações.

Isto não quer dizer que estes processos se passam necessariamente a nível deliberativo. Em geral, as atividades mais complexas, com maior grau de liberdade e flexibilidade, repousam, em níveis menos complexos e mais fixos de funcionamento. Escrever um texto implica em escolher um tema, esboçar um plano geral. As alternativas são numerosíssimas, o grau de "incerteza" chega a gerar ansiedade. A redação não só oferece abertura para escolher estilo e vocabulário, mas também impõe restrições à medida que regras de gramática e sintaxe precisam ser obedecidas, embora exista a chamada "licença poética". A ortografia tem regras mais limitantes e o padrão muscular que rege a mão que escreve é quase totalmente automatizado. Os processos fisiológicos que ocorrem durante o ato de escrever são controlados por regulações homeostáticas onde o espaço de interferência deliberativa é mais reduzido ainda.[8]

---

8. Com algumas variações, o exemplo se baseia em Koestler, A., *Jano, op. cit.,* cap. I, onde o autor faz distinção entre regras fixas e escolhas estratégicas.

Se desta gama de componentes que compõem o ato de escrever alguns são mais deliberativos e outros menos, qualitativamente todos podem ser caracterizados por maior ou menor espontaneidade, fluidez, ritmicidade.

Olhando de novo para a Gestalt-terapia, nota-se que Perls privilegia estas qualidades em todos os níveis e as contrapõe à deliberação obsessiva, ao ritmo imposto, à disciplina rígida. Embora ele nunca tenha empregado o termo "informação" nos seus escritos, a seguinte passagem mostra claramente que a idéia está presente. "Quando uso fantasia [9] ou me concentro em um problema, eu invisto uma quantidade pequena da minha energia internamente disponível para produzir uma quantidade maior de energia corporal ou externa, efetivamente aplicada(...) Atividade mental parece ser uma atividade da pessoa como um todo, executada em nível energético menor do que aquelas atividades que chamamos de físicas."

Pensar, concentrar-se, imaginar equivale a gerar informação capaz de orientar respostas a nível de ação. E a idéia que lhe é tão cara de que o homem, ao colocar-se em estado de disponibilidade ou de "indiferença criativa", segundo os termos emprestados a Friedländer, pode abranger dimensões opostas de uma mesma questão, vislumbrando a relação dialética que as une, diz respeito precisamente à possibilidade de *mudança de perspectiva* que vai desvendar novas relações de significado e novas alternativas de ação.

FRONTEIRAS SISTÊMICAS — UMA QUESTÃO DE PERSPECTIVA

Se o determinante de um sistema é a inter-relação dos componentes e seus atributos, é preciso saber onde termina um sistema e começa o meio no qual se insere. Uma definição genérica diz que "para um dado sistema, o meio consiste no conjunto de objetos cuja modificação afeta o sistema

---

9. Na linguagem de Perls, fantasia tem o sentido de imaginação e pensamento. Cf. Perls, F., *A Abordagem Gestáltica*, op. cit., p. 64.

e, também, naqueles objetos cujos atributos são modificados pelo comportamento do sistema".[10]

Esta definição deixa entrever que os mesmos elementos que pertencem a um sistema podem ser considerados como parte do meio, quando se enfoca outro sistema. Exemplifiquemos: minha casa, enquanto construção, representa um sistema habitacional composto dos mais variados elementos, tais como materiais, espaços, funções, e se insere em sistemas-meio urbanísticos, administrativos, legais, estéticos, etc. Considerando-a como espaço de abrigo e encontro da minha família, a casa se torna meio, uma vez que o sistema enfocado é o grupo familiar sob o prisma das suas inter-relações de pessoas e papéis, de normas e regras de convivência, de fluxo de comunicação e poder de decisão, etc. Uma modificação na casa afeta o sistema família e este imprime sua marca na casa a partir do seu funcionamento sistêmico.

Se um conjunto de objetos forma um sistema, *dependendo das inter-relações sob consideração*, podemos dizer que um sistema corresponde a *uma perspectiva, um ângulo sob o qual uma parcela da realidade pode ser vista*. É possível, portanto, escolher um ângulo, mudar de perspectiva, dependendo do problema sob estudo. Relações importantes e pertinentes podem ser incluídas, relações irrelevantes, excluídas. A decisão sobre quais relações são importantes e quais não o são, depende basicamente de quem aborda o problema. Obviamente, não se trata de decisões arbitrárias. Como e onde delimitar talvez seja a questão mais espinhosa na abordagem sistêmica.

Lewin observa: "É particularmente necessário que qualquer um que se propuser a estudar fenômenos globais, se arme contra a tendência de querer tomar sob consideração 'todos' os mais abrangentes possíveis. A verdadeira tarefa é a de investigar as propriedades estruturais de um 'todo' em particular, averiguar as relações de 'todos' subsidiários e determinar as fronteiras do sistema sob estudo.

---

10. Hall, A. D. e Fagen, R. E., *Definition of System, op. cit.*, p. 83.

Que 'tudo' depende de 'tudo' é tão verdadeiro em psicologia quanto em física."[11]

Entendendo a estrutura sistêmica como uma estrutura de acontecimento transacionais, é preciso retomar a noção de fronteira como referente às *ocorrências* de trocas e transações. Embora a idéia de recorte e delimitação esteja presente, no sentido de indicar o que está incluído ou não, o que está "dentro" e "fora" de um determinado sistema, as fronteiras se modificam segundo o conjunto de inter-relações focalizado. Se os mesmos objetos podem constituir elementos pertencentes a diferentes sistemas, dependendo do ponto de vista sob o qual são encarados, as fronteiras se delineiam de maneira nova quando ocorre a mudança de perspectiva.

Como conceito dinâmico, fronteiras, ou melhor, eventos fronteiriços, são aqueles em que as partes relacionadas se mantêm diferenciadas, em oposição a eventos que resultam em confluência, fusão, perda de diferenciação.

ESTABILIDADE E MUDANÇA

A dialética de mudança e estabilidade é o cerne da análise de sistemas. Em sistemas abertos, ações e interações formam o núcleo de um processo contínuo de mudança, isto é, de elaboração de normas e funções novas e destruição de antigas, à medida que estas são superadas. Esta perspectiva é fundamentalmente dinâmica e renovadora. A mudança está a serviço de um nível viável de estabilidade e continuidade, mas estas não se confundem com *um* determinado modo de estrutura e funcionamento. Sistemas sociais se distinguem de máquinas e organismos biológicos pela maior liberdade de suas partes de se reagruparem efetivamente em novos padrões de funcionamento. Estamos longe da acepção corriqueira da palavra sistema como equivalente de rigidez e imobilismo.

---

11. Citado em Perls, F., Hefferline, R. e Goodman, P., *Gestalt Therapy*, *op. cit.*, p. 277.

A PERSPECTIVA SISTÊMICA NA PRÁTICA

Embora existam princípios gerais que se aplicam ao estudo de sistemas em geral, cada sistema em particular é único e irreproduzível na composição de suas partes. A manipulação experimental de variáveis isoladas ou estudos comparativos com base em estatística resultam improdutivos para detectar precisamente a constelação relacional única de um dado sistema.

Pensar sistemicamente é debruçar-se sobre a unicidade da composição de elementos, detectar a estrutura dos eventos. Tomando como exemplo um grupo enquanto sistema-sob-consideração, focalizam-se as relações entre pessoas, papéis, regras, normas de comportamento, estilo de comunicação, inserção no contexto social. Ao fazer isto, não se suprime o indivíduo, por sua vez sistema único. Porém, sua posição e papel neste ou aquele grupo confere novos significados aos seus comportamentos, tanto quanto as suas características pessoais exercem influência na constelação estrutural e funcional do grupo em questão.

CAPÍTULO 5

GRUPOS COMO SISTEMAS:
A FUNÇÃO DO TERAPEUTA

Quem trabalha com grupos, seja como professor, treinador, coordenador ou terapeuta, dificilmente escapa, de tempos em tempos, a um sentimento de perplexidade diante da complexidade e da imprevisibilidade dos eventos com os quais se vê confrontado. Existem inúmeras pesquisas, estudos descritivos, modelos teóricos que procuram ordenar e explicar os processos grupais.

Quando se observa a quantidade e diversidade de abordagens grupais descritos na literatura sobre psicoterapia de grupo,[1] torna-se patente a dificuldade de construir modelos compreensivos e explicativos do que se passa em grupos desta natureza. É verdade que isto não decorre somente das dificuldades inerentes à compreensão de grupos, mas também à variedade de escolas psicoterápicas, cada qual criando seu modelo grupal.

Modelos grupais

Grosso modo, os vários modelos se agrupam em três grandes categorias, cada qual incluindo abordagens que apresentam consideráveis diferenças entre si.[2] As duas pri-

---

1. Entre outros: Shaffer, John e Galinsky M., *Models of Group Therapy and Sensitivity Training,* Englewood-Cliffs, New Jersey, Prentice-Hall, 1974.
2. Astrachan, B. M., "Towards a Social Systems Model of Therapeutic Groups", *Social Psychiatry,* 1970, *5*: 110-119.

meiras têm base em diferentes correntes psicanalíticas, enquanto a terceira tem origem na psicologia social e se aplica, sobretudo, nas psicoterapias de base existencial e nos grupos de treinamento em relações humanas, de sensibilização e percepção interpessoal.

O primeiro modelo concentra a leitura compreensiva dos eventos grupais na *relação de cada participante com o terapeuta* e, secundariamente, nas relações daí decorrentes entre participantes. As intervenções incidem sobre a dimensão transferencial destas relações, enquanto outros níveis de relações interpessoais, a dinâmica grupal e contextual são deixados de lado, por serem considerados pouco importantes e até contraproducentes para a finalidade de um grupo terapêutico. A problemática individual é tratada dentro de um contexto grupal que, enquanto tal, não é focalizado. Uma vez que a função básica do terapeuta é interpretar as relações de cada um com seu grupo "interno", com suas personagens interiorizadas, este modelo representa uma tentativa de estender o enfoque da psicanálise individual para a situação grupal, pertencendo hoje praticamente à história da psicoterapia de grupo.[3]

O segundo modelo enfoca a relação do *grupo-como-um-todo com o terapeuta*. Isto significa não só que os comportamentos individuais sempre são entendidos enquanto emergentes da situação grupal, mas principalmente que estes comportamentos nascem de pressupostos inconscientes compartilhados por todos e que dizem respeito a fantasias em torno do terapeuta. O grupo é visto como uma situação que estimula o aparecimento de certas dinâmicas relacionais típicas. Os pressupostos se manifestam na temática e nos padrões comportamentais que aparecem formando uma espécie de "cultura grupal" que vem a ser entendida como uma estruturação coletiva de defesas contra angústias ligadas a fantasias muito primárias. As intervenções visam explicitar

---

3. Representantes desta abordagem são, entre outros, Slavson, Wolf e Schwartz (vide bibliografia.)

e interpretar os pressupostos subjacentes para abrir caminho para a realização da tarefa do grupo.[4]

O terceiro modelo focaliza as *relações interpessoais entre membros* dos quais o terapeuta é um, embora desempenhe uma função especial. O que se procura compreender é a constelação de vínculos e papéis, padrões, normas e pressões grupais, a nível afetivo e funcional. Questões de poder, conflito, expectativas, etc., são tratadas enquanto pertencentes à situação presente e a postura do terapeuta não favorece o aparecimento de fantasias a nível transferencial. A leitura dos eventos é predominantemente fenomenológica e transversal.[5]

Falta situar o grupo descrito por Perls. Quanto ao tipo de trabalho prático, ele se assemelha ao primeiro modelo, no que diz respeito ao lugar central do terapeuta, à sucessão de interações diádicas terapeuta-cliente e à escassa atenção para os processos grupais. Entretanto, afasta-se dele à medida que Perls não enfatizava o nível transferencial da relação, embora não o negasse. Por outro lado, teoricamente, com os conceitos de campo, fronteira e contato, ele se aproxima mais do terceiro modelo, embora não tivesse explorado o uso desses conceitos na prática grupal.

Cada modelo, ao privilegiar um aspecto, tende a ignorar fenômenos importantes. Khailov, um dos teóricos de sistemas, adverte: "À medida que um aspecto do fenômeno total é mais acessível que outro, dependendo de quem o observa, esse aspecto tende a se tornar objeto de maior investigação, e uma teoria inicial é construída a partir dela, teoria esta que tende a ser mais abrangente do que devia."[6]

É o que parece acontecer nos modelos de grupos terapêuticos muito sucintamente descritos. Uma parte tende a

---

4. Com consideráveis diferenças entre si, são representantes Bion, Foulkes, Whitaker (vide bibliografia). O grupo operativo de Pichon Rivière se apóia neste modelo.
5. Este modelo se origina em Lewin e discípulos e continua, com muitas variações, em Argyris, Bennis e Schein, Moreno, Rogers, Schutz, Berne etc. (vide bibliografia).
6. Khailov, K.M., "The Problem of Systemic Organization in Theoretical Biology", in Buckley, W., *Modern Systems Research for the Behavioral Scientist, op. cit.*, pp. 45-46.

ser considerada como o todo, sem levar suficientemente em conta que os vários aspectos representam *níveis sistêmicos diferentes*, permitindo diferenças de compreensão que não se excluem. Assim, por exemplo, uma teoria de grupo não explica toda a dinâmica dos comportamentos individuais, e tampouco uma teoria da personalidade a dinâmica grupal. Do ponto de vista sistêmico, importa como se articulam os diferentes níveis, sem que se cogite, obviamente, de querer abranger todos os níveis possíveis de leitura a cada momento. Sempre se impõe uma escolha.

Vários autores, fora e dentro da abordagem gestáltica, baseando-se na Teoria de Sistemas aplicada em ciências sociais, entendem grupos como sistemas complexos e a função do terapeuta como sendo uma função reguladora nas fronteiras sistêmicas.[7] Esta maneira de entender o papel do terapeuta torna imprescindível que este saiba mudar o foco de sua leitura e intervenção de um nível sistêmico para outro, conforme as características e necessidades do grupo.

O ponto de vista sistêmico abre uma possibilidade de abranger, ao menos teoricamente, as inter-relações entre as inúmeras dimensões que compõem um grupo — pessoais e interpessoais, conscientes e inconscientes, funcionais, institucionais e sócio-culturais. Entende-se um grupo — seja ele uma família, uma classe de uma escola, um time esportivo, uma equipe de trabalho, um grupo terapêutico — sempre enquanto *constelação de relações* entre pessoas, papéis, atributos, funções, normas, padrões de comunicação etc. Como sistema, o grupo é composto de partes que, cada qual, também são sistemas e, por sua vez, o sistema-grupo se insere como parte em outros sistemas.

A ordenação compreensiva dos fenômenos — a "leitura grupal" — parte de um olhar flutuante sobre diversos níveis de análise possível, seus pontos de articulação e é, portanto, uma leitura sistêmica orientando a escolha das intervenções por parte de quem conduz o grupo. Este exerce uma função

---

7. Entre outros, Miller e Rice, Astrachan, Kernberg, Singer *et al.*, Bohoslavsky, Schneider e Kepner (vide bibliografia).

reguladora na medida em que cuida do reconhecimento, da antecipação ou compensação das alterações da estrutura grupal. Em outros termos, isto significa que ele registra, armazena, classifica e devolve *informação* (no sentido da palavra exposto no capítulo anterior).

Circunscrição do tipo de grupo enfocado

Embora os princípios sistêmicos sejam aplicáveis mais amplamente, o grupo enfocado daqui em diante será, mais especificamente, o chamado "pequeno grupo", cujas relações interpessoais são *face a face*, que existe em função de *um objetivo*, uma tarefa a ser cumprida ou um projeto a ser realizado e, como tal, constitui uma entidade social *temporária*. De modo geral, a natureza do objetivo pode ser mais específica e restrita, o que torna mais facilmente verificável o seu cumprimento. Ou também um grupo pode ter um projeto mais abrangente e aberto, portanto mais difícil de ser operacionalizado e avaliado. Quanto se trata, por exemplo, de grupos de aperfeiçoamento em relações interpessoais, de desenvolvimento de criatividade, de grupos de orientação de pais ou de grupos terapêuticos, quais poderiam ser os critérios para se considerar alcançado o objetivo? Nestes casos, a própria tarefa se redefine e se desdobra no decorrer dos trabalhos.

Excetuando o grupo familiar, por ter características muito peculiares, as seguintes considerações referem-se a grupos cujo projeto é desta natureza abrangente e aberta. Continuamente interrogam os seus objetivos, criando e recriando os caminhos para alcançá-los, em um processo dinâmico no qual se vão tecendo as relações de pessoas e papéis. São grupos cujo projeto consiste em alguma forma de investigação, compreensão, aprendizagem e mudança de comportamentos, atitudes e relações de seus próprios membros. Seus objetivos se colocam em algum ponto de um *continuum* que abrange aprendizagem a nível cognitivo, formação de atitudes, confrontação das relações interpessoais e funcionais, mudança de auto e heteropercepção, elaboração de situações conflitivas existenciais ou intrapessoais. Em síntese, trata-se de grupos existindo em função de *"um projeto que se elabora na intersubjetividade"*.[8]

Funções e decisões do terapeuta *

Partindo desta caracterização e não perdendo de vista a perspectiva sistêmica, importa ver, mais concretamente, em que consiste a função do terapeuta no que diz respeito aos limites e às articulações destas duas dimensões: projeto e inter-subjetividade.

Encaminhar o processo grupal em direção à realização do projeto grupal básico, a sua razão de ser explícita (o que não exclui a existência de objetivos implícitos concordantes ou conflitantes com a tarefa básica) requer uma série de decisões. É preciso estabelecer quem participa, como se estruturam os trabalhos e qual o tipo de intervenções que podem favorecer a produtividade do grupo. São decisões que devem se nortear sobretudo pela correspondência com a tarefa e só secundariamente por teorias e técnicas. "No pior dos casos, técnicas e teorias se tornam rituais sagrados, ao invés de instrumentos a serviço da realização de objetivos."[9]

Em linguagem sistêmica, a "fronteira" fundamental é o caráter do objetivo. Em função dele em primeiro lugar e, obviamente, também em função de variáveis situacionais, se estabelece uma organização temporal e espacial: duração, freqüência e local de encontros, o tipo de vinculação com o contexto institucional no qual se insere; delimita-se um número mínimo e máximo de participantes, determinam-se alguns requisitos para poder participar e definem-se alguns papéis e normas.

---

8. Milan, B. *O Jogo do Esconderijo — Terapia em Questão*. São Paulo, Livr. Pioneira Ed., 1976, p. 3.

* Para facilitar a leitura, o termo "terapeuta" é mantido, mesmo tratando-se também de grupos de natureza não terapêutica, para os quais se usa, comumente, na literatura sobre o assunto, coordenador, treinador, facilitador.

9. Singer D., *et al.*, "Boundary Management in Psychological Work with Groups". In *Journal of Applied Behavioral Science*, 1975, 11:141.

A quem cabe tomar estas decisões: ao terapeuta, à instituição onde se realiza o grupo, ao próprio grupo? Muito depende de quem tomou a iniciativa de sua constituição. No entanto, o terapeuta sempre tem uma função reguladora frente ao grupo e frente à instituição, na demarcação destas fronteiras que podemos chamar de *contratuais*.

A explicitação do contrato equivalente a uma delimitação inicial de um "dentro" e um "fora" que asseguram a identidade do grupo enquanto sistema. E seja qual for o iniciador do grupo, o estabelecimento de um contrato inicial é, em si, um processo dinâmico em busca de um acordo funcional básico onde já se delineiam questões de poder. Quanto mais claro o contrato inicial, melhor. É importante, no entanto, que não se perca de vista a necessidade de esclarecer ou reformular o contrato ao longo da vida do grupo.

Seria uma simplificação pensar que com estes cuidados a questão das fronteiras esteja resolvida. Existem inúmeros fatores, não diretamente relacionados com a tarefa ou objetivo principal, que influenciam no desenvolvimento da estrutura relacional de um grupo. São os objetivos encobertos, coletivos ou individuais, pressupostos não explícitos, necessidades pessoais, envolvimentos emocionais, trazidos para dentro do grupo, não só pelos participantes, mas também pelo terapeuta. Detectá-los e, oportunamente, explicitá-los, faz parte das funções do terapeuta, como também reconhecer as estruturações defensivas do grupo como um todo, e perceber o grau de tolerância à ansiedade de cada participante ligado à experiência presente e passada de cada um.

Um dos fenômenos de maior importância é o desenvolvimento de fortes vínculos afetivos, tanto em sentido positivo quanto negativo, que tendem a se estabelecer entre os participantes e destes para com o terapeuta. Via de regra misturam-se aspectos da relação presente com experiências pessoais não pertencentes à situação grupal. A dinâmica grupal tende a mobilizar processos individuais que, à medida que a situação é ansiógena, freqüentemente são defensivas ou regressivas.

77

Vínculos emocionais fortes, expectativas altas e, às vezes, até mágicas, criam um sistema próprio de normas e valores relacionais, uma "cultura" grupal, que pode estar distante das convenções sociais externas, da realidade "lá fora". O próprio grupo poderá vir a funcionar como uma estrutura defensiva, através de movimentos de idealização e projeção pelos quais escamoteia seus próprios aspectos conflitivos e repressivos. Nem sempre, portanto, a "cultura" que se estabelece é propícia à realização do projeto grupal. Faz parte da função reguladora do terapeuta reconhecer distorções deste gênero e ajudar o grupo a corrigi-las.

O terapeuta, além de manter-se a si próprio e ao grupo dentro dos limites globais impostos pela tarefa, precisa dirigir sua atenção aos fenômenos descritos que representam vários níveis sistêmicos e que podem ser classificados como os dos processos grupais, das relações interpessoais e da dinâmica intrapessoal, cada qual manifestando-se de maneira mais ou menos direta ou mais encoberta. E, além disso, não pode perder de vista os pontos de articulação com o contexto social.

Quando devidamente trabalhadas, todas essas dimensões vivenciais podem ser fontes de aprendizagem e mudança, aumentando a vitalidade e a criatividade do grupo em relação ao seu objetivo. Quando ignoradas, tornam-se impeditivas, paralisantes e destrutivas para a realização dos objetivos e para os próprios participantes.

Articulações sistêmicas

Kernberg[10] chama a atenção para o fato de que estes níveis não podem ser vistos como uma ordem hierárquica

---

10. Kernberg, O.F., "A system approach to priority setting of interventions in groups". *The International Journal of Group Psychotherapy*, 1975, 25: 251-275.

ou em forma concêntrica como se tivessem a seguinte configuração:

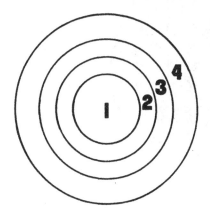

em que teríamos:

1 = nível intrapessoal

2 = nível interpessoal

3 = nível grupal

4 = nível institucional ou social

Nesta composição, cada um dos níveis poderia ser encarado de forma fixa, como *o* sistema e os demais como *os* sub ou supra-sistemas. A realidade grupal é mais complexa, "de momento em momento ocorre uma mudança surpreendente na ordem dos níveis sistêmicos; hierarquias não concêntricas e parcialmente sobrepostas de níveis sistêmicos podem ser detectadas. Todos eles solicitam o terapeuta e exigem um diagnóstico sempre móvel das funções fronteiriças predominantes a cada momento e, conseqüentemente, do nível prioritário para as suas intervenções". O autor inclui neste complexo de níveis hierárquicos, além das inter-relações de estruturas pessoais, grupais e sociais, uma hierarquia de sistemas de valores e uma hierarquia de requisitos profissionais e técnicos do terapeuta, concluindo: "Em resumo, *eu proponho que a natureza dos sistemas entre os quais o terapeuta exerce a sua função fronteiriça é não-concêntrica, e que os níveis sistêmicos não podem ser reduzidos a um só que incorporaria os demais*".

O autor não substitui o diagrama concêntrico por outro, mais ilustrativo do seu pensamento. Pode-se imaginar um que seria mais ou menos assim:

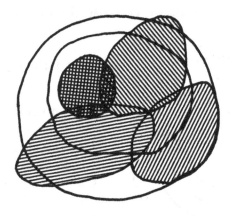

Quanto mais o terapeuta tiver claro para si qual é a sua tarefa principal, tanto menor o perigo de que lhe faltem critérios para as suas intervenções. Quanto mais complexa a tarefa e quanto maior a variação de sistemas em jogo, mais difícil se torna o discernimento das prioridades e mais importante fica a flexibilidade do terapeuta e sua capacidade de intervir em vários níveis sistêmicos, no momento oportuno e de forma adequada.

A título de exemplo poderíamos pensar, do ponto de vista sistêmico, no que diferem entre si um grupo terapêutico com pacientes internados em uma instituição psiquiátrica, um grupo terapêutico em regime ambulatorial de saúde pública e um grupo terapêutico em consultório particular. Não é difícil perceber que a incidência do contexto social imediato sobre o funcionamento do grupo difere substancialmente. O mesmo vale para grupos de treinamento em relações humanas com pessoas pertencentes a uma mesma empresa ou grupos semelhantes compostos de profissionais provenientes de organizações diferentes e sem conhecimento prévio entre si; ou para um grupo de vivência com alunos de uma mesma classe e semelhante grupo de pessoas que nunca antes se encontraram. Não se trata aqui de avaliar quais as modalidades mais ou menos favoráveis para alcançar os objetivos propostos, mas de perceber que algumas das articulações sistêmicas requerem atenção diferente conforme a situação, e que descuidos neste sentido trazem conseqüências nocivas.

Dimensões sistêmicas e níveis de intervenção

Como já foi referido acima, um fenômeno que freqüentemente ocorre é o desenvolvimento de fortes vínculos afetivos, ou seja, a *formação de um grupo de pertinência* no qual os membros encontram um suporte emocional. Normalmente, as pessoas têm vários grupos de pertinência, tais como seu grupo familiar, de amigos, de colegas de trabalho, de vizinhança, alguns deles efetivamente funcionando como tal, outros frustradores, idealizados ou fantasiosos. À medida que um grupo passa a se tornar mais importante como grupo de pertinência, pode ocorrer que, num primeiro tempo, o investimento afetivo e o envolvimento na tarefa se completem. Freqüentemente, no entanto, chegará um momento em que a pertinência ao grupo se torna um fim em si, em detrimento da tarefa. Uma função importante do terapeuta é o cuidado de manter nítida a inter-relação entre estas duas dimensões. Considerando-se uma das dimensões sistêmicas, a do tempo, pode-se supor, por exemplo, que quanto maior a duração do grupo e quanto mais abrangente a sua tarefa, maior será a tendência de que a relação de pertinência venha a predominar.

Embora um clima de confiança e abertura seja favorável, uma norma, às vezes excessivamente privilegiada, do tipo "amor-intimidade-abertura total" pode se tornar inadequada e insuportável, principalmente quando deixa de levar em consideração outros aspectos, tais como a natureza da relação entre os participantes fora do grupo, a inserção do grupo no contexto institucional e social, a vulnerabilidade diferente de cada um a certas formas de contato interpessoal e expressão emocional.

O terapeuta precisa, portanto, ter claro quando o grupo está estabelecendo uma coesão produtiva ou quando passa a entrar em confluência fantasiosa, artificial e até forçada. E, sobretudo, precisa estar sempre atento à manutenção de espaços para diferenças individuais, pois costuma surgir nos grupos uma tendência à homogeneização, que os leva a pressionar ou, mesmo, a expelir elementos cuja diferença é sentida como inassimilável. É óbvio que o descuido, por parte do terapeuta, das fronteiras grupo-indivíduos nas suas múltiplas manifestações, pode ter conseqüências gravemente prejudiciais, tanto para o grupo todo como para participantes em particular. Uma delas é a constituição de um membro como bode expiatório cuja expulsão permitiria ao grupo livrar-se, fantasiosamente, de aspectos conflitivos.

Outra fronteira fundamental, ao mesmo tempo fixada no contrato inicial e dinâmica no processo relacional, é a de *terapeuta-participantes*. Novamente, existem níveis a ser considerados.

No plano do presente manifesto, o terapeuta, em nome de sua capacitação profissional, representa no grupo uma autoridade instituída e, como tal, tem poder. Queira ou não, de certa forma ele é o representante da instituição ou do contexto social mais amplo, das normas e dos valores deste.

Em um segundo plano, as questões de autoridade e poder aparecem revestidas de significados a nível transferencial, no qual se reeditam outras relações de autoridade, não pertencentes a esta situação grupal, entre as quais são de particular importância as familiares. É o "grupo interno" de cada um, com os seus coloridos diferentes, que influencia os comportamentos no grupo atual.

Em terceiro lugar, existe o nível mais arcaico que Foulkes aproxima do nível arquetípico do inconsciente coletivo de Jung; e que para Bion representa o universo das relações objetais e dos mecanismos mentais primários do primeiro ano de vida, descritos por Melanie Klein.

Para todos vale que tudo que acontece no grupo tem ressonâncias que diferem em intensidade e tonalidade emocional para cada participante, conforme o nível em que um determinado evento o atinge. A saída de um membro antigo ou a entrada de um novo, manifestações de agressividade, reações emocionais fortes, atrações e rejeições sexuais, conteúdos ameaçadores, tudo isto pode mobilizar níveis inconscientes e suscitar forte ansiedade. Pode acontecer que uma pessoa ou subgrupo passe a representar para os demais aquela parte de si próprio que teme, rejeita e nega. Neste nível, o fenômeno do "bode expiatório", se realizada a sua expulsão como depositário da loucura, da agressividade, da dissociação existentes em todos, passa a ser a concretização de fantasias muito primárias e, portanto, também a manutenção e fortificação dos núcleos mais regressivos do grupo e dos seus participantes.

Seja qual for a formação teórica e técnica do terapeuta, é desejável que esteja capacitado a reconhecer estes níveis, mesmo que não se proponha a intervir em todos eles. Muito do que é mobilizado, ou não, depende do estilo em que o terapeuta exerce a sua função e da postura que ele escolhe, de acordo com a natureza da tarefa grupal.

A escolha de uma postura mais distante e neutra, ao mesmo tempo que garante ao terapeuta um espaço para a observação e compreensão dos processos grupais, favorece o surgimento de reações a nível transferencial. Por outro lado, a escolha de uma posição mais parecida com o de *primus inter pares,* com maior proximidade e abertura pessoal, tende a favorecer o estabelecimento de um clima grupal mais descontraído e permissivo, com níveis de tensão em geral mais baixos, enquanto se trabalham relações e conflitos a nível mais atual e manifesto.

Obviamente, estas escolhas não deixam de ser influenciadas tanto por valores pessoais, como pela formação teórica do terapeuta. O que importa é que ele esteja alerta para a imbricação destes níveis que representam dimensões sistêmicas; atento, inclusive para o fato que ele, terapeuta, é atingido em todos eles a partir da sua própria história, experiência, desejo e ideologia.

A título de exemplo segue um relato resumido de uma experiência — ou melhor, inexperiência — do passado que mostra como pode ser escorregadio o terreno e como é fácil confundir-se. Há uns 15 anos fiz parte de uma equipe convidada pelo Departamento de Relações Industriais de uma empresa cuja matriz era no exterior. O pedido era que realizássemos grupos de treinamento em relações humanas, em regime residencial, com especial atenção para problemas de comunicação. Foram-nos fornecidos alguns exemplos de disfunções de comunicação e recebemos plena liberdade de estruturar os trabalhos que foram por nós divididos em várias modalidades, incluindo sessões informativas, leitura de textos com debate e grupos vivenciais. Todos ficaram satisfeitos com o trabalho, sobre o qual tivemos oportunidade de fazer uma avaliação posterior com os participantes. A apreciação pelo trabalho em si foi quase unanimemente positiva, porém os resultados eram um tanto deslocados: muitos referiram-se a uma melhora considerável nas relações familiares, na comunicação social e, mesmo, no relacionamento pessoal com colegas de trabalho. Porém, a nível da comunicação funcional dentro da empresa, pouco ou nada havia mudado. Ficamos sabendo então que, segundo instruções da matriz, grande volume de informações era considerado de caráter confidencial. Portanto, ter acesso a certas informações, a manipulação destas no sentido de distribuir ou retê-las, representavam formas de poder. Ao mesmo tempo, a confidencialidade abria espaço para rumores e boatos que originavam muitos malentendidos.[11]

Analisando a situação do ponto de vista sistêmico, pode-se dizer que foi-nos dado acesso a *um* subsistema do sistema comunicação — no caso comunicação lateral entre gerentes e supervisores das áreas de produção e de administração —, sem que pudéssemos ter uma visão global dos circuitos de comunicação e de seus pontos de estrangulamento ligados ao sistema geral de comunicação dentro da empresa e às diretrizes em relação a ele. Em outras palavras,

---

11. O romance de Umberto Eco, *Em Nome da Rosa*, Rio, Nova Fronteira, 1983, aborda o problema do saber e do poder de maneira fascinante.

a falha de comunicação já estava presente — embora não intencionalmente — no próprio pedido feito à equipe contratada para realizar treinamento. E tanto o pedido por parte da empresa quanto a aceitação de um trabalho a nível de relações humanas por parte da equipe estavam mal focalizados.

Em casos como este e muitos outros parecidos, não se resolvem problemas organizacionais e funcionais com a mobilização de grupos a nível de solução de problemas de relacionamento interpessoal, e muito menos de caráter pessoal. Metodologicamente falando, é um erro abordar estruturas sociais com procedimentos "psicoterápicos", pois estão em jogo outros níveis sistêmicos, cujas fronteiras e articulações devem ser trabalhados explicitamente. Por outro lado, também é verdade que toda mudança de estruturas sociais requer mudanças individuais pois atinge sistemas de valores e atitudes que, via de regra, têm profundas raízes pessoais e culturais.

"Para uma efetiva mudança sistêmica é preciso intervir nas constelações pessoa-papel, nas redes de papéis e poder, nas inter-relações estrutura-processo, nos processos intra e intergrupais e na psicodinâmica organizacional." [12]

Completando a discussão sobre as fronteiras sistêmicas de um grupo resta assinalar a da *fase final* do trabalho. Em torno desta fronteira se situam a preparação para o fim do grupo como tal, a separação dos participantes, incluindo o terapeuta, a eventual passagem para um outro contexto de relacionamento. As fronteiras indivíduo-grupo-contexto social ganham um novo relevo. Costuma surgir nesta fase uma temática que diz respeito às aprendizagens obtidas pelo grupo e no grupo, ao que se pode levar, preservar e ampliar "lá fora". Uma das questões de maior importância é a avaliação do suporte existente no contexto social, seja qual for, família, escola, meio profissional, instituição ou empresa, para a recepção e o aproveitamento

---

12. Singer, D., *et al.*, *Boundary Management in Psychological Work with Groups, op. cit.*, p. 168.

do que foi aprendido. Existem, ou não, possibilidades de seguimento, de reciclagem? Qual a continuidade e descontinuidade a ser prevista? Eis algumas das perguntas que precisam ser levantadas e trabalhadas dentro do grupo. Aparecem também os temas de separação, morte; às vezes o grupo diminui seu ritmo, antecipando o fim; ou, pelo contrário, o grupo nega e se comporta como se fosse eterno, planeja algum tipo de continuação.

Pelo fato de ter sido discutido quase exclusivamente a função do terapeuta enquanto regulador entre os vários níveis sistêmicos, pode parecer que tenham sido desconsiderados a auto-regulação e os dispositivos de controle e correção existentes no grupo como um todo. Convém explicitar que a manifestação, às vezes surpreendente, da auto-regulação grupal funciona como uma garantia e um ponto de apoio da maior importância para o terapeuta capaz de fazer a "leitura" desta auto-regulação e nela apoiar sua função reguladora.

Fica evidente que o trabalho com grupos exige conhecimentos amplos em função da quantidade de variáveis sistêmicas que entram em jogo, para que o terapeuta seja capaz de diagnósticos rápidos e contínuos e de decisões criteriosas em relação às suas intervenções. O que importa é que as escolhas não sejam feitas em nome de necessidades pessoais do terapeuta ou dos participantes, mas em nome de critérios de relevância para os objetivos grupais. Caso contrário se abre um espaço perigoso para jogos de manipulação, pressão ou sedução.

CAPÍTULO 6

RELATO DE UMA EXPERIÊNCIA

1. CARACTERIZAÇÃO GERAL

Neste capítulo serão apresentados e comentados alguns momentos de um grupo. Como o enfoque deste trabalho é o grupo enquanto sistema e a função reguladora do terapeuta nas articulações e fronteiras sistêmicas, pouco importa, para essa finalidade, de que gênero de grupo se trata. Foi escolhido um *grupo de caráter didático,* composto de alunos de graduação em psicologia, matriculados na disciplina Psicoterapia e Orientação em Grupo, optativa neste curso. A escolha deste grupo oferece algumas vantagens e serve a vários objetivos. Primeiro, o caráter não terapêutico evita problemas éticos no que diz respeito ao sigilo.[1] Em segundo lugar, tratando-se de um grupo de duração limitada (um semestre), é possível focalizar diferentes fases do processo grupal.[2] Terceiro, o grupo se situa num contexto institucional de educação superior, com normas, regras e cultura próprias. Quarto, a reflexão sobre o trabalho foi enrique-

---

1. Dada a sua participação em nível pessoal, os alunos foram consultados e deram o seu consentimento quanto ao uso deste material para o nosso fim, sendo seus nomes omitidos; os nomes usados são, portanto, fictícios.
2. Um relato completo e comentado de todos os encontros do mesmo grupo se encontra na tese de mestrado da co-facilitadora, Lilian Meyer Frazão, defendida na Universidade de São Paulo em 1983, sob o título: "O Modelo de Aprendizagem Experiencial Aplicado ao Ensino de Terapia de Grupo".

cida por constituirmos uma equipe de duas facilitadoras e um observador.[3]

Antes de entrar na descrição da experiência do grupo escolhido, convém caracterizar, em termos mais gerais, como os alunos costumam escolher a disciplina e quais as expectativas por eles trazidas. Em entrevistas iniciais, coletivas ou individuais, realizadas no início de cada ano letivo, ficou claro que, em geral, os objetivos dos alunos ao escolherem a disciplina nem sempre são muito claros. Alguns têm aspirações profissionais que incluem trabalhos com grupos de terapia ou orientação, outros pretendem trabalhar em instituições onde encontrarão grupos já formados. Muitos ouviram falar que o curso é essencialmente prático e, sentindo-se desprovidos de instrumentos de trabalho, buscam técnicas. Grande parte deles é ávida por uma experiência que os mobilize a nível pessoal, ainda que isso também lhes cause ansiedade. Estão finalizando o curso de graduação, tendo muitas atividades de atendimento e supervisão. Surgem dúvidas e ansiedades em relação ao papel de terapeuta que agora começam a desempenhar, o fim do curso está próximo, a vida de estudante terminando.

Ao mesmo tempo acontecem profundas modificações na classe enquanto grupo. Existe uma história de quatro anos, de solidariedade e rivalidade, de coesão e divisão em subgrupos, as imagens que eles têm uns dos outros estão cristalizadas. De repente, acontece a ruptura dessas velhas estruturações; a classe se reagrupa em torno de matérias optativas e grupos de supervisão; o novo tipo de atividades do último ano exige outros níveis de contato e confiança que o tradicional assistir a aulas e fazer trabalhos escolares.

É neste momento e dentro deste contexto que, como primeira etapa do curso, é proposta aos alunos matriculados

---

3. A reconstituição dos episódios foi feita a partir das anotações do observador. O fato de constituirmos uma equipe de três, facilitador, co-facilitador e observador, significa uma complexidade sistêmica em si, que mereceria tratamento próprio. Existem inúmeros artigos e capítulos de livros sobre co-terapia ou co-monitoria, e sobre a influência da presença de um observador. Dentro das reflexões neste capítulo, estas questões só serão abordadas quando se tornarem muito evidentes na temática grupal.

na disciplina uma experiência grupal. A base da proposta está na convicção de que qualquer apresentação teórica cai no vazio, se não puder se ancorar na vivência como participante de um processo grupal. Esta foi a orientação da disciplina desde o início, embora houvesse modificações na forma de se encaminhar essa vivência, e ela se apóia na prática adotada na maioria de programas didáticos que visam a aprendizagem e compreensão de processos grupais. O objetivo global, a tarefa principal, portanto, é de caráter didático e formativo.

O que foi exposto evidencia que os objetivos mais próximos, que vão delinear a vivência grupal e nortear as intervenções, centram-se no novo papel profissional dos alunos, na elaboração das relações interpessoais, nas funções e disfunções de comunicação e no processo grupal. Nesta primeira etapa não deixa de haver, em certos momentos, algum processamento em nível didático, mas a ênfase está na experiência vivida.[4]

No encontro preliminar com os alunos, estes objetivos e procedimentos são expostos e, por sua vez, os alunos são encorajados a explicitar seus próprios objetivos ao escolher a disciplina. Assim se encaminha o estabelecimento do *contrato* e fica aberta aos alunos que não sentirem seus objetivos preenchidos pela proposta a possibilidade de desistir da disciplina, uma vez que ela é optativa.

Neste encontro costumam aparecer muitos "curiosos", e é a partir da segunda semana de aula que o grupo definitivo se forma e inicia o seu trabalho. Em geral, há muitas perguntas no sentido de esclarecer dúvidas em relação aos objetivos do trabalho e também necessidade de acrescentar alguns itens ao contrato inicial. Uma das questões, necessariamente, diz respeito à *orientação teórica* do trabalho. Explicitamos que, acima de teoria e técnica, serão enfatizadas a compreensão de fenômenos e processos grupais, a

---

4. No segundo semestre o enfoque muda para instrumentação teórica e técnica mais sistematizada, usando como fonte o próprio processo grupal vivido.

percepção interpessoal e várias formas possíveis de intervenção, tanto verbais quanto não-verbais. Obviamente, dada a nossa própria experiência e orientação básica, a perspectiva em que nos colocamos é a da abordagem gestáltica, embora deixemos claro que não se trata de um curso de Gestalt-terapia.

Outro aspecto de contrato diz respeito a certas *regras* que, na medida em que diferem algo das regras vigentes na faculdade, precisam ser discutidas até chegar ao ponto em que têm o consentimento do grupo. Uma delas é a exigência de pontualidade de horário e de presença. Uma vez que a aprendizagem se dá dentro e a partir da vivência grupal, é essencial que a presença seja a mais regular possível e que o início e o fim dos trabalhos, em cada encontro, sejam marcados. O peso desta modificação das regras dentro da "cultura" estudantil não deve ser subestimado.

Mais pesa ainda a questão da *avaliação*. A proposta de um trabalho vivencial, não só muda o caráter da relação professor-aluno, mas também não comporta uma avaliação acadêmica. Como "medir" vivência, isto é, como atribuir-lhe uma nota? Faz parte do contrato inicial que, desde que a entrega de uma nota no final do semestre é uma das regras da instituição, essa nota será igual para todos e discutida com o grupo.

Embora tenha sido explicitado que não se trata de terapia de grupo, costumam surgir questões sobre o que distingue o grupo especificamente terapêutico e o grupo experiencial que é proposto.

O exposto até aqui é bastante semelhante para vários grupos de alunos ao longo dos anos, com a ressalva de que foi com o tempo e a partir de um processo de ensaios e erros com várias modalidades de contrato que as explicitações se tornaram mais precisas.

Comentários

Na caracterização geral do grupo e no encaminhamento do contrato, já ficam claras algumas *fronteiras* fundamentais. A decisão do aluno de manter ou cancelar a matrícula na disciplina diz respeito a objetivos e projetos profissionais, mas, obviamente, também tem a ver com questões de ordem afetiva. "Quem são os demais, quero ou não me expor num trabalho vivencial com estas pessoas?" Questões deste tipo são raramente verbalizadas na fase inicial, podendo tornar-se mais explícitas em momento posterior. Mas elas influem na composição do grupo e têm raízes na história da classe.

A caracterização da *tarefa principal*, a *delimitação de uma área focal* (papel profissional, relações interpessoais, processo grupal), *o consenso sobre algumas regras de funcionamento*, representam explicitações do que "cabe" e do que "não cabe" dentro do grupo e do que o diferencia de um grupo terapêutico.

A *duração* do grupo representa uma fronteira que não só delimita o tempo cronológico do grupo, mas, sobretudo, e precisamente em função deste limite, estrutura o ritmo em que ele caminha. Além disso, levanta temáticas carregadas de emoção que dizem respeito ao fim do grupo, à separação dos membros, mobilizando ansiedades mais amplas em torno do fim do curso e de uma fase de vida. Dentro desta temática está incluído o questionamento do que cada um individualmente levará consigo enquanto aprendizagem.

A forma de trabalho, diferente da habitual aula ou seminário, redefine os *papéis*, tanto o do professor como o do aluno e colega de curso. As relações têm caráter diferente, o exercício da autoridade e os processos de decisão tomam formas novas. Dificilmente deixa de surgir essa temática, que pode tornar-se objeto de conflitos de maior ou menor intensidade.

A nova constelação "deste" grupo, como parte do grupo-classe, não obedece a divisões antigas de *subgrupos* que vão sendo reformulados; *imagens* que os alunos formaram uns dos outros, em função de uma história de quatro anos, vão se descristalizando ao longo do trabalho grupal, permitindo novas aproximações ou, possivelmente, resultando em afastamentos. Em outras palavras, as fronteiras intragrupais e interpessoais vão sofrendo modificações.

Ao mesmo tempo, os alunos participantes se reagrupam em outras atividades do 5.º ano (matérias optativas e obrigatórias, grupos de supervisão, etc.) e as experiências daquelas são trazidas para dentro desta, freqüentemente em termos de comparação, positiva ou negativa, sempre como busca de pontos de referência numa situação onde a modificação dos padrões habituais gera insegurança.

O próprio caráter do trabalho faz surgir dúvidas e conflitos ao longo do processo, formando novas subdivisões. Alguns, diante do fato de que surgem expressões, às vezes intensas, de afeto e emoção, tensão e ansiedade, se debatem contra o que sentem como uma dimensão demasiadamente "terapêutica". Outros esperam, e até forçam, maior aprofundamento em nível pessoal e expressam insatisfação quando isto não ocorre. Esta é uma fronteira difícil de se manejar, pois em alguns momentos se torna tênue e passa a ser um ponto onde pressões e defesas se manifestam.

Na tentativa de tornar mais concreto como entender a função reguladora do terapeuta, facilitador ou coordenador [5], seguem-se relatos resumidos do primeiro, do sétimo e do penúltimo encontros de um mesmo grupo. Como os fenômenos grupais e as intervenções das facilitadoras podem ser entendidas à luz de uma concepção sistêmica será o principal enfoque dos comentários. Esta escolha, necessariamente, exclui a discussão de muitos outros aspectos.

Não é fácil relatar uma vivência, captar em palavras um clima grupal com seus inúmeros indicadores verbais e não-verbais, traduzir a qualidade de um momento de silêncio. A compreensão do processo, a escolha do momento e da forma das intervenções, tudo isso, idealmente, se passa em um nível onde percepção, intuição, experiência e conhecimento se amalgamam e dão forma à intervenção. Neste

---

5. Daqui em diante, tratando-se especificamente de um grupo com objetivos didáticos e não terapêuticos, o termo terapeuta será substituído por facilitador.

ponto uma intervenção chega a se assemelhar a uma produção artística. Preparo técnico, disciplina e obediência a certos princípios éticos e estéticos formam a infra-estrutura que possibilita ao artista expressar-se em forma nova, pessoal, pertinente e bela. Este caráter criativo, fica garantido pela clarificação de pressupostos filosóficos, conceitos teóricos e critérios técnicos. Só assim é possível evitar, por um lado, criatividade "selvagem", i. é, sem raiz nesta infra-estrutura e, por outro lado, mimetismos técnicos, estereótipos de linguagem, ritualização vazia.

2. O PRIMEIRO ENCONTRO (FASE INICIAL) [6]

A sala onde se realizam os trabalhos é instalada de forma a diferenciá-la de uma sala de aula. Em um dos cantos, delimitado por estantes, encontra-se um tapete em torno do qual são colocados banquinhos de diferentes alturas e formatos e almofadas de cores e tamanhos diversos.

Enquanto os alunos, agora matriculados definitivamente, vão chegando, são recebidos pelas docentes responsáveis pela disciplina, Therese e Lilian, e vão se aconchegando com certo ar de curiosidade e cautela. Inicia-se uma conversa sobre quem havia desistido depois das explicações da semana anterior e quem havia ficado para integrar o grupo.

Depois de deixar, durante algum tempo, girar esta temática sobre quem está ali, Therese faz a primeira intervenção, propondo que cada um conte algo sobre como havia sido a sua preparação para este primeiro encontro, o que se pensou durante a semana, com que sentimentos se estava ali presente.

Segue uma ampla troca, em que todos participam, e na qual predominam expressões de satisfação com quem está

---

6. Estão presentes: as professoras-facilitadoras Therese e Lilian; os alunos-participantes: Inês, Leila, Joana, Carmen, Naisa, Augusto, Rose, Tatiana, Raquel (os nomes dos participantes são fictícios). Ainda não há observador.

ali (nas entrelinhas é detectável certo alívio que parece dizer respeito a quem não está, porém as facilitadoras desconhecem a história da classe). Fala-se de expectativas e fantasias surgidas durante a semana, dos sentimentos no caminho naquela manhã, da disponibilidade para uma experiência grupal.

Depois desta discussão sobre as expectativas em termos mais gerais e sempre com conotações altamente positivas, segue-se um silêncio que parece tenso. Therese se dirige ao centro e começa a modelar uma "massa" imaginária, formando uma grande bola que, em seguida, passa para Inês. Esta, num primeiro momento, fica algo assustada e depois manipula a "massa", passando-a para Leila que a forma novamente como bola e que a joga para Naisa. Esta se mostra agradavelmente surpresa, beija a "massa", a divide em duas partes, dando uma a Rose e outra a Raquel. Raquel a manipula um pouco e depois fica observando Rose que passa a "massa" no rosto da Tatiana, lentamente e com muito cuidado, como se estivesse modelando uma máscara, depositando o excesso da "massa" na mão da Tatiana. Esta se dirige para Carmen, abre uma das suas mãos e deposita cuidadosamente aquele resto, levando a outra mão para cobri-lo como se fosse uma concha, afaga o rosto de Carmen e volta a seu lugar. Carmen fica segurando a "massa" entre suas mãos durante um momento e depois a solta para o ar. Lilian e Therese recolhem o que caiu perto delas e o que havia ficado com Raquel. Lilian torna a modelar uma forma de bola que deposita nas mãos de Augusto que, rapidamente e sem manipulá-la, a passa para Joana. Esta, que é a última a recebê-la, vai modelando uma espécie de corda comprida, levanta e começa a envolver a todos e, por último, a si mesma com esta corda imaginária, estabelecendo uma ligação simbólica entre todos.

Neste momento, Augusto quebra o silêncio em que se passou toda essa movimentação, falando de sua aflição, da sua dificuldade de "misturar fantasia e realidade" e da sua necessidade de entender o que se passou. Com isto abre-se o caminho para vários outros falarem da sua experiência, de seus sentimentos e fantasias durante o episódio. Alguns relatam que, durante o último movimento, sentiram-se com "a corda no pescoço", o que havia suscitado mal-estar e ansiedade.

Rose, com certo pesar, sente a "quebra" do silêncio como uma "quebra" do movimento grupal de integração. Esta observação gera uma discussão acalorada em torno de espaço individual dentro do grupo, a liberdade de cada um para se expressar do seu modo. Nesta discussão, Lilian e Therese exercem uma função de esclarecimento e síntese, assinalando a busca simultânea do espaço para diferenças pessoais de um elo grupal.

A discussão se passara em tom de argumentação e havia gerado um clima de tensão e agitação, detectável nas posturas, nos gestos e nas vozes de vários participantes. Quando começa a esvaziar a discussão, Therese propõe uma retirada de cada um para dentro de si, fechando os olhos, procurando uma postura cômoda; pede que cada um percorra atentamente o próprio corpo, notando sensações, eventuais pontos de tensão, rigidez ou dor. Em seguida, propõe que cada um imagine um lugar para onde seria agradável ir, onde gostaria de estar naquele momento. Todos se acomodam e aparentam concentrar-se na proposta em silêncio. Depois de algum tempo segue-se a sugestão de que todos voltem para o grupo, cada um no seu ritmo, que abram os olhos e, lentamente, olhem-se uns aos outros, e se situem de novo no espaço do grupo.

Durante a conversa que se inicia, alguns relatam a sua experiência durante este momento de relaxamento e fantasia, descrevem o lugar, a calma que sentiram. Enquanto vão falando as posturas são mais soltas, a tonalidade das vozes é diferente, o clima geral é mais relaxado, as falas são entremeadas por momentos de silêncio reflexivo.

Depois de vivida e comentada essa mudança de clima, e já relativamente próximo ao final do encontro, Lilian levanta a questão da introdução de um observador, que neste primeiro encontro ainda não está presente. Novamente o clima grupal se modifica. São tratados e esclarecidos itens como: vantagens e desvantagens de se ter um observador, a sua função, o uso das suas anotações e as possíveis inibições que a sua presença poderia vir a acarretar. Aos poucos chega-se à solução consensual de aceitar o observador, resguardando a possibilidade de interromper a sua vinda, caso se tornassem evidentes as eventuais conseqüências negativas para o desenvolvimento do processo grupal ou para algum dos participantes em particular.

Comentários

Revendo este encontro, é possível perceber de que modo as intervenções das facilitadoras incidem sobre várias fronteiras, tais como: as de "fora-dentro", indivíduo-grupo, fantasia-realidade, contato-retraimento.

A primeira intervenção se insere na temática dentro-fora, presente no grupo através das indagações sobre quem ficou definitivamente. A intervenção direciona o tema para uma dimensão mais vivida ao indagar o que cada um trouxe de fora para dentro em termos de preparação interna e de expectativas; ela ainda tem por objetivo abrir espaço para a expressão de dúvidas, pedidos de esclarecimento sobre o contrato inicial, a natureza do trabalho, itens estes já tratados no encontro preliminar na semana anterior, porém em linhas gerais, em outro contexto e outra configuração grupal.

A segunda intervenção, não-verbal, introduz uma mudança de linguagem sem mudar a temática. Como as verbalizações eram um tanto vagas e gerais, como é de se esperar num momento inicial no qual o grupo ainda constitui uma situação estranha, esta intervenção tem por objetivo pesquisar e explicitar melhor, e de forma ativa, a falta de forma e, ao mesmo tempo, a plasticidade que caracterizam o grupo neste momento. A partir da movimentação com a "massa" imaginária começam a surgir sentimentos que não puderam ser verbalizados no clima anterior caracterizado por certa idealização; aparecem incômodos, ansiedades, irritações e diferenças individuais. Ao mesmo tempo permite às facilitadoras — para as quais o grupo também constitui uma situação nova e desconhecida — começar a se situar em relação a ele. Assim, por exemplo, a seqüência dos movimentos com a "massa" funciona como uma indicação sociométrica das relações entre os participantes.

A terceira, que incide sobre a temática do espaço individual dentro do grupo, levantada pela "corda no pescoço", visa abrir, a nível vivencial, este espaço enquanto espaço primordialmente interno. A proposta transpõe a discussão para uma vivência da dinâmica contato-retraimento-contato, em que o retraimento (ou contato com o mundo interno) fornece suporte para um contato interpessoal mais espontâneo e descontraído. Ao invés de defender intelectualmente o espaço individual, propõe-se ocupá-lo com o corpo e com a fantasia e, a partir daí comunicar-se de novo com os outros. É ainda a temática "fora-dentro", agora vivida em outra dimensão.

A última, já no fim do encontro, traz o grupo de novo para o nível mais contratual do "fora-dentro", pois se trata de uma questão que altera a composição do grupo e as suas fronteiras. Um observador não-participante tem sob este aspecto uma posição ambígua por estar nem "dentro" nem "fora". Ao mesmo tempo a questão propicia a mais ampla participação possível no processo de decisão sobre a admissão, ou não, de um observador e, em particular, do observador proposto. Se tivesse havido objeção definitiva nem que fosse de um só participante, o observador não teria sido introduzido.

A indagação sobre o que será feito com as anotações do observador também pode ser entendida como uma indagação sobre as fronteiras do grupo. "O que nos pertence, o que fica aqui dentro, como é que coisas de dentro poderão passar para fora, em que forma, com que finalidade; quem terá o direito de decidir sobre isto tudo?" Ao mesmo tempo, coloca em prática as modificações das relações costumeiras professor-aluno e mesmo o hábito de tomar decisões a partir de uma maioria. É dado ao grupo o poder de decisão e esta tem que ser consensual. A solução encontrada resguarda também para o futuro o poder de questionamento e decisão do grupo sobre este assunto. Houve no decorrer do tempo, alguns comentários diretos a respeito do observador e inúmeras alusões mais indiretas, mas em momento algum o fato de sua presença foi rediscutido ou pedida a sua retirada.

3. O SÉTIMO ENCONTRO (FASE INTERMEDIÁRIA) [7]

Enquanto espera o grupo chegar e se completar, Therese comenta com os que estão presentes o pedido do Departamento de sugerir eventuais mudanças na matéria para o ano seguinte, caso isto fosse desejável. Ao consultar os participantes do grupo a respeito, ela provoca uma avaliação informal sobre o trabalho grupal em andamento e uma primeira discussão sobre a programação da disciplina no segundo semestre. Enquanto se fala sobre as eventuais vantagens e desvantagens de se atender, no 2.º semestre, grupos de clientes da Clínica da faculdade, são verbalizados o medo "de se perder no atendimento" e a compreensão de que "existem níveis diferentes de se lançar numa experiência". Lançar-se é identificado como "ter uma boa vivência".

Therese retoma a expressão "lançar-se numa experiência", perguntando se no grupo as pessoas estão se lançando e o que significa isto para cada um. Sucede-se uma conversa entre Augusto e Raquel, na qual há muitas referências a um *outro* grupo (em outra disciplina), que é descrito como sendo mais diretivo e onde existe uma pessoa percebida como catalisadora do movimento de "lançar-se".

Atendendo a uma sugestão de Therese de se falar mais sobre esta idéia de se lançar, Carmen e Augusto procuram esclarecer-se mutuamente. Lançar e aprofundar são entendidos em termos de expressão de emoções, de catarse; com-

---

7 Lilian não está presente.

parações são feitas com o "outro" grupo, onde "se aperta mais" e se é "menos livre". Outros entram na conversa, questionando a validade de se fazer comparações e defendem a idéia de "ir aos poucos sem forçar a barra". Depois de algum tempo, em que a conversa se amplia, entrecortada por momentos de silêncio, volta a questão de expor-se, de um lado, e defender-se e controlar-se, de outro. Novamente surge a alusão à pessoa já citada do "outro" grupo, como protótipo de alguém que se lança, porém em demasia e sem controle. Therese assinala que a idéia de lançar-se é carregada, ao mesmo tempo, de um desejo e um medo: "Ouço o nome de M. (a pessoa do outro grupo) como simbolizando o desejo de se lançar como ela, e o medo de, como ela, perder o controle". Enquanto isto coloca uma almofada no meio e prossegue: — "Aqui está a pessoa que vai se lançar. Tentem fazer abstração da pessoa concreta de M. e pensem, cada um para si, o que seria lançar-se aqui —; o que *eu* gostaria de expor e qual o medo quando penso em fazê-lo."

Joana: "Acho difícil, até hipoteticamente."

Therese: "Fique em contato com o medo que está surgindo; qual seria a expectativa de algo ruim ou catastrófico?"

Joana responde que sente vontade de saber o que os outros pensam a seu respeito, mas que tem medo de ouvir coisas que não batam com sua auto-imagem, principalmente se vierem de pessoas significativas.

Therese: "Tente sentir corporalmente a tensão muscular em direção ao centro e também a tensão em direção oposta, os movimentos e a força proporcional do ir e do retrair."

Joana: (já levantando-se e indo ao centro) — "Posso ir, mas não corresponde a..." [o resto da frase se perde, mas indica algo contraditório que se passa internamente; enquanto isto senta-se na almofada no centro].

Therese: "Vejo você já se lançando e, ao que me parece, sem levar em conta esta parte de '*mas* não corresponde'. Qual é o suporte que você se está dando para entrar nesta situação?"

Joana: "A possibilidade de voltar; se eu não agüentar, eu volto para meu lugar".

Therese: "O. K.; o que gostaria de saber e de quem?"

Seguem-se, então, pequenas conversas e trocas, primeiro com Naiza, depois com Augusto. Em seguida, Joana se volta para Inês, dizendo que gostaria de ouvi-la, mas que quer falar antes.

Joana: "Gosto muito de você, mas não gosto de sua fala. Cada vez que você fala, eu espero muito e me decepciono."

Inês: (com expressão de espanto) "E se eu falar?" (o grupo ri).

Está configurado um impasse.

Therese: "Vocês poderiam tentar iniciar o contato entre vocês de forma não-verbal. Vejam se vocês topam."

Joana: "Acharia mais interessante se Inês conseguisse expressar-se em palavras."

Therese assinala a contradição e a exigência contidas na situação.

Joana (para Inês): "Você quer fazer?"

Inês: "Se eu quero...?" (gaguejando levemente e fazendo gestos como se estivesse engasgada). Therese aproxima-se dela e pede que preste atenção à sua respiração: "Veja se consegue respirar; o que está acontecendo?"

Inês: "O ombro está todo duro".

Therese: "Deixe o ombro duro do jeito que está. É uma sensação ruim?"

Desenvolve-se um episódio em que Therese vai ajudando Inês a se concentrar nas suas sensações corporais, nas suas tensões musculares, na sua respiração. Quando Inês menciona tensão na nuca, ela acrescenta que a sensação é de desespero e que está encolhida de medo. Therese continua mantendo a atenção de Inês nas sensações corporais e na respiração, até que ela parece um pouco menos descontrolada. Pede, então, que experimente olhar para Joana que está sentada na sua frente, sem perder contato com o próprio corpo. Inês experimenta e diz que o corpo treme quando olha.

Therese: "Quando começar a tremer, feche os olhos de novo e acompanhe o corpo de novo."

Inês: "Não consigo respirar direito."

Therese: (pondo a mão nas costas de Inês) "Respire, acompanhando a minha mão. Continue respirando... e agora olhe para Joana, só olhar; não queira mais do que isto agora."

Depois de alguns momentos, Inês sorri, estende as mãos para Joana e começa a chorar.

Therese: "Se dê um tempo. Foi bom pegar na mão dela?"

Inês: "Foi."

Therese: "E o medo?"

Inês: "Quando respiro direito, não olho. Tem momentos em que fico zonza."

Therese: "Vai descobrindo o que é, o que te faz ficar zonza, como é que você está *se* 'zonzeando'."

Inês: "Tem algo a ver com os olhos dela."

Therese: "Vai descobrindo o que é."

Inês: "Quanto mais olho, mais fico zonza. Se respiro, não olho."

Therese: "Acompanhe isto e vê se vai aos poucos juntando respiração e olhar."

Inês: "Vejo (apontando para Joana) profundidade e calma."

Therese: "Você quer saber algo sobre a calma dela? Veja se consegue juntar respiração, olhar *e* palavra."

Segue-se uma troca mais tranqüila entre as duas, mas Inês ainda se confunde e acaba dizendo: "Falar com você é como lembrar que eu não sei falar." Perguntada se quer continuar ou parar o encontro com Joana, Inês responde: "Não sei." Therese diz que supõe que este "não sei" contém um 'sim' e um 'não' ao mesmo tempo, o que Inês confirma, acrescentando que está (com um gesto) "pensando em um montão de coisas."

Therese: "É uma fala interna?"

Inês: "Mas não tem nada a ver."

Therese: "Com esta situação?"

101

Inês: "Sim."

Therese: "Você está saindo daqui?... Será que você está se policiando quanto às suas palavras?"

Therese pega uma almofada e dando-a a Inês: "Faz de conta que esta almofada é uma palavra."

Inês (segurando a almofada): "Agora tenho duas."

Therese: "Quer outra?" (indicando com a mão as almofadas que estão em volta). Inês se levanta, procura uma segunda almofada e daí em diante desenvolve sozinha, e com desenvoltura cada vez maior, um movimento em que constitui dois montes de almofadas-palavras: as pequenas e feias são identificadas por ela como as que diz, as grandes e bonitas as que não diz. Dá uma das grandes a Joana, dizendo que ela tem palavras assim. Therese sugere que Inês se movimente entre as "palavras", tanto entre as que diz quanto entre as que não diz. Inês vai, rearruma as "palavras" de várias maneiras e termina pegando uma grande que coloca na frente e encostada na outra grande que havia atribuído a Joana. Neste momento ele dá o episódio do encontro com Joana por concluído.

Surgem muitos comentários que mostram que todos se envolveram com a temática. A conversa gira em torno de: modelos, exigências, invejas, autodesvalorização e autocrítica, excessiva cautela e seletividade, a busca da palavra certa, perder-se nas palavras. São ditas coisas como:

Tatiana: "Me senti na experiência. Joana é alguém que sabe o que falar... Eu já nem falo, você (indicando Inês) ainda fala... eu já corto aqui dentro."

Carmen: "Tenho dificuldade com as palavras, Inês..., é algo que não me permito; tenho inveja dela... descobri muitas possibilidades; a gente pode também usar as palavras para encobrir coisas..."

Naiza: "Escolho muito as palavras."

Leila: "Me identifico muito com a Inês... me perco muito com as palavras... quero falar com a maior lógica possível, o menos e o mais exato possível; fica uma briga interna... falar é algo sério que fica muitas vezes dentro... é preciso tirar proveito do que se diz."

Therese intervém algumas vezes sempre assinalando a comparação com modelos como fator paralisador. O outro grupo, a pessoa do outro grupo, Joana, tudo vira modelo, e ao comparar-se perde-se algo próprio, se distancia de si, da emoção, perde-se contato com as próprias possibilidades. Depois que todos tiveram oportunidade de se manifestar, Therese encerra dizendo que quando se exige que a palavra para poder ser dita tenha que ser *completa* e *certa*, se corre o risco de perder a palavra *própria*.

Comentários

A escolha deste encontro repousa nas características muito específicas dos acontecimentos. Não só se evidencia a influência do contexto externo, isto é, de outros trabalhos grupais, de outros estilos de condução de grupos, mas também se desenvolve um episódio de trabalho que, embora concentrando-se em duas, e mais especificamente em uma, das participantes, reflete uma temática grupal. Esta temática já vinha se delineando em encontros anteriores e pode ser resumida como sendo a do efeito paralisante de um clima de exigências, de comparações e de competição.

Se a primeira intervenção assinala a ambivalência em torno do "lançar-se", a segunda tem por objetivo investigar o caráter específico desta ambivalência. Uma vez configurada a situação de impasse entre Joana e Inês, a dupla passa a protagonizar o conflito grupal. Desenvolve-se o que, em Gestalt-terapia, se chama de *experimento*, i. é, um episódio no qual se procura primeiro, passo a passo e com a ajuda de pequenas intervenções e propostas por parte da facilitadora, evidenciar mais claramente o conflito e os sentimentos envolvidos, para depois buscar formas possíveis de sair do impasse por ele criado. Neste caso particular, o experimento já começou com a proposta para todos à qual Joana foi a primeira a responder. A facilitadora parte da assunção de que importa ficar constantemente em contato com os dois pólos do conflito — desejo e medo. Uma vez que Joana passou por cima de sua hesitação ligada ao medo, ela como que personifica o pólo do 'lançar-se', enquanto Inês representa o pólo do medo. Ela protagoniza a confusão, a paralisação diante de modelos e exigências. À medida que ela, ajudada pela facilitadora vai entrando em contato com suas sensações corporais, ela vai criando um suporte para experimentar, ensaiar, fazer, desfazer e refazer, até encontrar não só um contato de igual para igual com Joana, como também clarificar para si própria a discrepância entre sua fala interna e sua comunicação verbal, assinalada por Joana no início.

O termo "suporte" tem sentido muito próprio em Gestalt-terapia e indica sobretudo auto-suporte. Joana, ao passar por cima do seu sentimento de medo, perde contato com uma parte de si mesma naquele momento. Ao se dar conta e explicitar que pode voltar para trás, ela restabelece seu auto-suporte. Inês, ao sentir-se confusa, perdida e paralisada, também está em contato apenas com uma parte de si mesma. Recebendo ajuda para reaver o suporte mais fundamental, que é a respiração e a percepção do próprio corpo, ela identifica e nomeia seu estado emocional e, aos poucos, reencontra sua desenvoltura e criatividade. A ajuda que a facilitadora lhe dá não visa reassegurá-la, mas sobretudo constitui um estímulo que a leva, no seu próprio ritmo, a reencontrar seu auto-suporte. Quando isto acontece, ela desenvolve sozinha, sem intervenção alguma da facilitadora, a sua forma de solucionar o impasse.

Não é de se surpreender que todos se tenham envolvido, pois neste encontro as comparações, inicialmente trazidas de fora, foram reconhecidas como existentes dentro do grupo e percebidas como paralisadoras. O experimento ajudou a desvendar e tematizar o implícito existente na estrutura relacional: o alto nível de exigências, a competição, a inveja, e o medo diante de tudo isto. Pode-se dizer que houve uma reestruturação interna com maior espaço intra e interpessoal para o imperfeito e inacabado e também que se estabeleceu um clima de maior descontração.

4. O DÉCIMO PRIMEIRO ENCONTRO (FASE FINAL)

Inicialmente se desenvolve uma conversa algo dispersa, em que são comentados um concerto de flauta (alguns do grupo tocam flauta e uma delas tem a sua flauta consigo), e o fato de ser naquele dia o Dia dos Namorados. Menciona-se que é o penúltimo encontro do semestre. Inês diz lembrar-se da peça de Nelson Rodrigues "Álbum de Família" e acrescenta que hoje, para ela, "cada um é cada um" e passa a identificar características tais como, a cor da roupa de um, o cachecol de outra, um gesto típico etc., provocando risadas generalizadas.

Therese diz que para ela um álbum de família, apresentando *flashes* de um passado, oferece a possibilidade de se rever uma história. O grupo não prossegue nesta direção, a conversa se dispersa novamente, há silêncios, está difícil dar continuidade a qualquer tema.

Raquel observa que ficou pensando em como cada um tem seu jeito próprio e acrescenta que gosta que seja assim. "Fazer coisas sem pensar muito" é para ela uma forma de se descobrir, ver os outros e a si própria de um jeito diferente.

Therese se refere às dimensões do tempo que estão implícitas nas falas: o "jeito", a configuração do grupo aqui e agora, a indicação sobre como ele será visto depois — o álbum de família — e como levar para este futuro a história do grupo. E pergunta — "Como será o nosso projeto comum daqui para frente?" Inês diz que não entende e Therese torna a falar do projeto futuro. Joana diz estar pensando no segundo semestre e completa: "Se fizemos uma coisa boa no primeiro, poderá ser bom no segundo. Vinha aqui por prazer e não por obrigação."

105

Therese: "É um pouco como a passagem de uma fase da vida para outra, costuma ser um momento crítico." Joana: "Para o nosso último encontro queria fazer uma festa de família." Vários outros dizem ter pensado nisso e as idéias vão desde um almoço até um *show* ou festa de fantasia, em geral de maneira algo jocosa e, em alguns momentos, com um toque de tristeza. Continuam nesta linha até que Rose observa que não está com a idéia de um fim. "Trata-se apenas de uma interrupção, umas férias."

Lilian se dirige a Augusto que, até então, havia ficado muito quieto e com postura encolhida. Este, em tom deprimido, se refere a uma festa na sua casa, na qual ele próprio não havia se sentido bem entrosado, e às férias como sendo um período em que vai ficar mais sozinho do que durante o semestre. Inês observa que o domingo é o pior dia da semana "por vir antes de segunda-feira", que ela não está gostando de parar "no meio de tudo isto"; veio prevenida para não "mexer" em nada, já que ia acabar.

Therese diz estar percebendo que não só Inês, mas muitos outros estão se segurando, fazendo um pouco de "domingo", falando em coisas de domingo, como almoço, música, festa. Leila oferece tocar, pega a flauta e toca parte de "Pavane pour un enfant défunt", interrompe, tenta uma outra música que também não finaliza "por não saber nada de cor".

Depois de comentários sobre a música, sobre o recente concerto de Jean Pierre Rampal, o instrumento e o longo preparo necessário para poder tocar, torna-se a falar de atividades domingueiras tais como jogar baralho, passear no parque, ler os classificados no *Estadão*, ver os cachorros que nascem. Rose diz que, na semana anterior, havia pensado em preparar um número de mágico, ao que todos riem e comentam que por isso veio de paletó com bolsos.

Therese pega na sua bolsa o quebra-cabeça do cubo mágico, joga-o para Lilian e diz brincando que o critério de aprovação no curso será conseguir nove quadradinhos da mesma cor em cada lado. O cubo passa por vários, ninguém

106

consegue; alguns começam um jogo com luvas (é inverno), outros conversam ou fazem brincadeiras em dois ou três. O grupo está totalmente disperso.

Therese, meio séria e meio brincando, diz: "Eis como desintegrar um grupo", o que faz com que todos interrompam o que estão fazendo e se restabeleça uma conversa comum. Tatiana observa que se sente como numa sala de espera; Joana diz que gosta de montar quebra-cabeça de 2.000 peças. Todos falam, ri-se muito, vários outros jogos são mencionados, entre outros um chamado "Senha". Neste momento entra uma colega de classe, que não pertence ao grupo, fica um instante parada na porta e, entrando, entrega um relógio a uma das participantes. Cai um silêncio mais prolongado.

Therese observa que "hoje precisamos de objetos intermediários para nos comunicarmos e Lilian completa: "Buscamos ficar na esfera do lazer, pois se fizermos algo mais corremos riscos; está difícil para cada um de nós falar diretamente sobre o que nos ocupa; falando do gostoso, do leve, do namoro, não se 'mexe' em nada." Tatiana diz que não havia se dado conta de que estava no fim e que só haveria mais uma vez. "Encerrar é chato, deixa um vazio." Inês reenfatiza a continuação no semestre seguinte e Lilian reintroduz o tema da mudança na natureza do trabalho, que no segundo semestre será mais teórico.

Joana observa que se sente como que lidando com quebra-cabeças. "Coloquei pedaços meus no grupo e quero juntá-los; o jogo tem um caráter facilitador, mas antes de sair quero me colocar inteira." Raquel comenta que não consegue ver a "Gestalt" de cada encontro; só vê pedaços, sente falta de maior compreensão do todo e, ao ser indagada por alguns, deixa claro que não está se referindo a explicações teóricas. Inês diz que não sabe como chamar o que se faz — sessões, reuniões, encontro —, mas que nas sextas-feiras acontece algo dentro de si, algo que sente como seu e que acontece sem explicação. Raquel esclarece que não consegue ver o grupo *enquanto grupo*: "Falta algo para ser grupo." Lilian concorda que existe uma necessidade de se ter uma noção de continuidade, o que Therese associa à idéia do álbum de fotografia, que serve de apoio para a memória do vivido, embora a memória seja diferente do vivido como tal. Fala-se em filme, colagem, montagens, em *flashes* soltos, e indaga-se como chegar a um tipo de ordenação dos fatos. É comentado que é possível ordenar os mesmos fatos de muitas maneiras, sem que uma seja necessariamente mais correta que outras. Therese torna a chamar a atenção para o fato de que a maneira de concatenar e ordenar as coisas durante a vivência é de outra natureza que a ordenação que se poderá fazer a partir de uma reflexão posterior.

Rose e Joana falam de algumas avaliações pessoais.

Rose: "Mudou meu jeito de lidar com o tempo... Estou menos ansiosa com o silêncio, com os buracos... tem um ritmo novo de não ter tanta pressa... querer conseguir. E existe uma linha que liga isto com as reuniões aqui."

Joana: "Nadar aproveitando a correnteza."

Rose: "É ter mais prazer em ver, encontrar, ouvir... sentimentos."

Joana: "As coisas para mim se ligam do lado de mexer com o afeto."

Therese: "Você sente que colocou fragmentos aqui?"

Joana: "É, fragmentos de afeto."

Raquel diz que também ela percebe uma linha pessoal nos encontros, mas não uma linha do grupo.

Therese observa que não é possível, ao mesmo tempo, perceber globalmente o processo grupal e estar mergulhado nele. Seguir o processo grupal como um todo enquanto vai se desenrolando é a função do facilitador. Acrescenta que a proposta básica para o segundo semestre é refletir sobre o vivido, tomando certa distância e apoiando-se nas anotações do observador, nas eventuais anotações pessoais e na memória de cada um. Lilian reitera uma recomendação, já feita no início do semestre, de que cada um escreva algo para si mesmo, no espírito de um "trabalho domingueiro", isto é, como uma reflexão pessoal sem caráter de trabalho escolar, sem necessidade de entregá-lo e sem exigências de precisão.

108

Comentários

Um encontro que poderíamos apelidar de "encontro quebra-cabeça". Desde o início a temática do fim do grupo é trazida pelos participantes e negada em vários momentos. As fronteiras e as dimensões do tempo estão em evidência, e são o foco de muitas intervenções das facilitadoras. Estas, por sua vez, mostram certa preocupação em colocar em pauta a programação do segundo semestre, uma vez que a continuação na parte II da disciplina requer nova matrícula e, portanto, uma nova decisão dos alunos. Como entender e estruturar operacionalmente uma continuidade na descontinuidade, já que a natureza da tarefa vai mudar? Também para as facilitadoras esta questão é difícil de responder, sobretudo neste momento em que ainda se está plenamente na vivência: os papéis de facilitador do grupo e professor do curso, de participante e aluno, tendem a se sobrepor.

Por parte dos participantes, se por um lado há um certo cuidado para conter maiores envolvimentos em função do fim próximo, por outro existe o medo de ver escapar algo sem tê-lo aproveitado ao máximo. Captar o todo, entender, ordenar fatos, explicitar significados são preocupações trazidas de várias maneiras. A temática do "álbum de família" é um exemplo claro da vontade de guardar um registro do que foi o grupo, de levar algo palpável para além do momento de seu encerramento. Ao mesmo tempo, é grande demais a dificuldade de se rever a história, de perceber um fio que liga os acontecimentos. Cada um tem a *sua* história, o *seu* álbum particular. Todos estão neste momento por demais imersos no processo vivencial para poder tomar a distância necessária para ordenar os fatos. É o "domingo", momento de descanso e relaxamento, que marca a passagem. Neste encontro viveu-se, ou melhor, tentou-se viver o domingo sem saber muito bem como fazê-lo. Isto tudo dá ao encontro um caráter de vai e vem, de dispersão com momentos de grande intensidade. As facilitadoras também sentem e vivem a dificuldade da passagem e, em certos momentos, ao invés de ajudar o grupo a ir realmente a fundo no que tem de tristeza e luto ("Pavane pour un enfant défunt"), seguem mais a tendência da parte do grupo que brinca, se dispersa, negando o fim de uma fase e os sentimentos que isto provoca. Por vezes levam o grupo a pensar na fase seguinte quando este está efetivamente lidando com o encerramento, ainda que seja de maneira ambivalente. Ambígua, por exemplo, é uma intervenção da Therese, e por isso não entendida, quando esta fala em "um projeto comum daqui para frente", sem que o grupo tivesse dado indicações suficientemente claras de estar se preocupando com isso.

A introdução do cubo quebra-cabeça sintetiza de forma simbólica a situação em que todos estão envolvidos, a sensação geral de impotência e confusão na busca de respostas e soluções. Ao mesmo tempo, concretiza e torna patente o que, a nível verbal, estava acontecendo, isto é, a dispersão, a quebra de continuidade. Quando isto é assinalado, o grupo se une de novo e segue um momento de maior concentração, interrompida novamente pelo toque do tempo quando é devolvido o relógio. Uma intervenção de "fora", estranha e magicamente pertinente e simbólica.

Embora a ambivalência continue se manifestando, alguns participantes conseguem esboçar avaliações mais pessoais, identificando aprendizagens e descobertas feitas ao longo do trabalho grupal, iniciando uma temática que será retomada no encontro seguinte.

Encerramento

Sem apresentar um relato completo deste último encontro, queremos assinalar que ele se caracterizou pela continuação de avaliações pessoais e, sobretudo, por intercâmbios entre os participantes. Nestes se falava muito sobre as mudanças que ocorreram quanto às imagens que tinham uns dos outros. Foram verbalizadas percepções novas, descobertas de aspectos até então desconhecidos. O clima foi afetuoso e descontraído. Parece que foi possível viver o "domingo" sem muita preocupação com a "segunda-feira" seguinte.

Durante o encontro foi lida uma poesia, escrita por uma pessoa. Desde que foi lida por todos, linha por linha,

110

ela também se caracteriza como um registro do processo grupal, expressando algo do tatear, do ir passo a passo, gradativamente, intuitivamente, da disponibilidade e do desnorteio, do afeto e da busca de verdade.

Ver
Ver o ver
Ver o verde
Ver, verde, olhar
Ver o não
Verão
Ver o não ver
Eu vou ver
Envolver
Envolver de
Envolver de ver
Envolver de verde
Envolver de verdade
Envolver de verdadeiro olhar
Lilian lilás: lilianos
Palavras: minha maior traição

CAPÍTULO 7

RETROSPECTO

Revendo o percurso dessa caminhada convém destacar algumas passagens e lembrar o ponto de partida: a busca de um modelo de grupo condizente com os conceitos básicos da abordagem gestáltica. Situar a Gestalt-terapia e reconhecê-la no seu intento de ser uma abordagem que se preocupa com inter-relações estruturais e processuais, conduziu à teoria de sistemas enquanto ampliação e elaboração destes princípios, abrindo campo para examinar mais diretamente a perspectiva sistêmica sobre grupos.

ASPECTOS CARACTERÍSTICOS DA ABORDAGEM GESTÁLTICA EM GRUPOS

O modelo sistêmico, no entanto, longe de ser exclusivo da abordagem gestáltica, serve de base para outras modalidades de trabalho com grupos. Em que consiste, então, o próprio e característico da prática gestáltica em grupos? O que a identifica? Como pensa e age o Gestalt-terapeuta quando trabalha com grupos? Aquilo que durante muito tempo foi considerado típico e específico, o clássico "hot seat" — o lugar de encontro terapeuta-cliente, onde se desenvolve na presença do grupo um trabalho individual — não se mantém como procedimento básico. O uso de exercícios e jogos como técnicas mobilizadoras, embora

113

possa ser útil em certas circunstâncias, tampouco é fundamental.

Revendo a descrição dos encontros grupais no capítulo anterior, é possível destacar algumas características na atuação das facilitadoras.[1] Quando tomadas uma por uma, certamente não são exclusivas à Gestalt-terapia, porém, no seu conjunto, representam um modo de pensar e agir que caracteriza uma *postura* própria.

A emergência de um tema

Pode-se reparar que as facilitadoras, de início, procuram localizar um tema. Desde as conversas iniciais, este vai surgindo aos poucos, tornando-se "figura" a partir de inúmeros indicadores verbais e não-verbais, inicialmente esparsos, aparentemente desconexos e ao acaso. Neste primeiro tempo, via de regra através de assinalamentos verbais, elas procuram fazer com que o tema se delineie mais nitidamente. Freqüentemente, ele se apresenta mais no não dito do que no dito e, sobretudo, nas discrepâncias entre conteúdo e forma, tais como contradições entre o que se diz e o tom de voz, entre verbalização e gesticulação, postura ou expressão facial, ou ainda entre assunto e linguagem usada. Não importa qual e por quem um assunto é levantado, ele sempre é de alguma forma conectado com um estado emocional, uma ansiedade ou um conflito presente no grupo, ou pelo menos em parte dele. E este é o tema emergente. Qualquer comunicação, mesmo a mais pessoal, adquire um significado em relação ao grupo uma vez que é feita neste contexto, sem que por isso perca o significado individual.

O experimento

Uma vez configurada a temática na qual o grupo está efetivamente engajado, as facilitadoras formulam propos-

---

1. Quando se trata de considerações de caráter mais geral, o termo "terapeuta" volta a englobar as demais denominações usadas para diversos tipos de grupos. Em referências diretas ao grupo descrito no Cap. VI continua sendo usado o termo "facilitador".

114

tas, no sentido de aprofundar e investigá-la ainda mais, geralmente mediante uma *mudança de linguagem expressiva*, muitas vezes incluindo *ação corporal*. É o chamado "experimento", distinto do exercício pelo fato de não ser programado ou fixo, mas, pelo contrário, espontâneo, novo e surgindo a partir de uma configuração situacional única.

A escolha de uma linguagem expressiva pode variar segundo o que se percebe como possível e favorável para o grupo, segundo recursos disponíveis em termos de espaço e materiais, e ainda segundo o instrumental mais desenvolvido do terapeuta. Pode-se pensar em linguagem plástica (pintura, desenho, modelagem, colagem), em expressão dramática, em música (executada ou ouvida), em trabalho corporal (gesto, movimento, respiração, relaxamento), em fantasia e sonho, em estórias, mitos, poesia e outras expressões literárias. Obviamente, é impossível que um terapeuta tenha desenvolvido todos os instrumentos expressivos. Portanto, estilo e tipo de propostas podem variar amplamente de um gestaltista para outro. No entanto, o que sempre se pretende, ao propor um experimento, é contatar e aprofundar uma temática emergente que mobiliza o grupo.

Experimento e polaridade

Uma outra característica que ressalta nas descrições é a constante atenção para polaridades: contato e retraimento, vôo na fantasia e enraizamento no concreto, assertividade como indivíduo e disponibilidade como parte de uma coletividade, iniciativa para agir e paciência para aguardar. Quando se percebe unilateralidades no funcionamento de um grupo ou de uma pessoa, a tendência do gestaltista será tentar abrir espaço para o lado oposto.

Experimento e suporte

Toda proposta contém um convite a arriscar-se, ampliar limites, aventurar-se no desconhecido. Para que um experimento não caia no vazio, ou levante ansiedades acima do que o grupo ou uma pessoa possa suportar em dado momento, é preciso que haja suporte. O terapeuta, portanto, deverá cuidar de um balanço adequado entre suporte e risco. Se ele seguir, passo a passo, o cliente (indivíduo ou grupo) sem forçar uma eventual hipótese sua, este chegará aonde, naquele momento, é possível e proveitoso chegar. O que guia o terapeuta neste processo é a constante retroinformação, verbal e não-verbal, que recebe do cliente. Assim ambos se engajam no desconhecido, estando presentes, atentos e abertos (o intraduzível "awareness" dos textos em inglês) ao que se passa a cada momento. Ficar no "aqui e agora" é deixar-se orientar por este fluxo constante de mensagens.

Assim como o Gestalt-terapeuta estimula no cliente um estado contínuo de abertura para dar-se conta de si, ele também mantém contato consigo próprio, conscientizando o fluxo de sua autopercepção corporal e emocional, cuidando do seu auto-suporte, e usando também, seletivamente, sua percepção de si mesmo como orientação para as suas intervenções.

Experimento, arte e técnica[2]

Desenvolver um experimento é um processo que, por mais espontâneo que seja, obedece a uma certa ordem seqüencial. O que foi descrito como emergência de um tema é a base. Igualmente básico é perceber qual o nível de energia com que se aborda o tema, se o envolvimento nele é geral ou parcial, como é o clima emocional reinante no grupo.

Uma vez aquecido o grupo, a proposta de um experimento precisa ser formulada e aceita. Embora possa existir um consenso geral e prévio a respeito do tipo de trabalho, este é um momento de decisão, imprescindível para o desenvolvimento efetivo do experimento. Às vezes o grupo sugere alternativas, às vezes ele resiste — e a própria resis-

---

2. Para um tratamento mais elaborado deste item ver: Zinker, J., *Creative Process in Gestalt Therapy*, op. cit., cap. 7, e Polster, E. e Polster, M., *Gestalt-terapia Integrada*, op. cit., caps. 7 e 9.

tência ou divergência pode tornar-se tema, levando a um experimento diferente. Durante esta espécie de negociação é possível aquilatar a real disponibilidade do grupo e começar a ter um senso de gradação do experimento: por onde começar, quais os possíveis passos para intensificar o contato com o tema.

Durante o desenvolver do experimento é preciso intervir com sugestões que seguem passo a passo os acontecimentos, ajudar a ultrapassar pontos de paralisação, manter certo ritmo, não demasiadamente lento para que a energia não se perca, nem tão apressado que impeça interiorização. Assim, na verdade, um experimento é composto de uma série de pequenos experimentos, terminando com uma fase de reflexão, na qual se compartilha e elabora verbalmente o que foi vivido.

Experimentos em grupos podem ter como ponto de partida uma experiência pessoal de um participante na qual o grupo se envolve, ou desenvolver um dilema grupal.

Alguns exemplos de dilemas grupais:

— anseio de deslanchar a dificuldade de começar;

— competição e alto nível de crítica entre membros e desejo de aceitação;

— altas expectativas em relação ao grupo e insatisfação com o seu andamento;

— tratamento estereotipado de assuntos carregados de emoção;

— dificuldade e desejo de expressar sentimentos, tanto positivos quanto negativos;

— energia bloqueada por tensão;

— desenvolvimento de subgrupos;

— surgimento de atrações sexuais;

— entrada ou saída de uma pessoa;

— o término do grupo.

Sobretudo em grupos bem desenvolvidos, os participantes também propõem experimentos e os desenvolvem criativamente.

Experimento e fronteiras sistêmicas

Em qualquer experimento é preciso que se tenha noção de qual o nível sistêmico que estará sendo mobilizado mais diretamente, por mais que se saiba que todos estão interligados. É óbvio, por exemplo, que uma proposta de relaxamento e de fantasia livre a partir de um estímulo musical, mobiliza níveis diferentes do que o faz uma proposta de exercitar o contato visual, auditivo, interpessoal ou, ainda, uma proposta de examinar as relações hierárquicas e funcionais entre membros de uma equipe de trabalho. A escolha das propostas sempre deve estar de acordo com o objetivo do grupo e com o momento de sua evolução.

Dentro das proposições feitas neste livro, é possível entender o experimento em Gestalt-terapia como incidindo em uma ou mais articulações sistêmicas. Partindo dos fenômenos mais imediatamente aparentes — como, por exemplo, discrepâncias entre forma e conteúdo de uma comunicação — pouco a pouco vão se iluminando e revelando outras dimensões, *presentes e detectáveis, embora mais ocultas.* Assim o experimento vem a ser a metodologia específica para abrir caminho em direção ao que Perls chamou de "Gestalt oculta".

ALGUMAS FRONTEIRAS EM DESTAQUE

Uma vez que o grupo descrito foi realizado dentro de um contexto institucional, cabe retomar e ressaltar a importância de entrecruzamentos sistêmicos dos contextos *social, institucional e grupal.* Antes de mais nada, importa evitar que se crie uma fronteira supostamente impermeável entre o "lá fora" e o "aqui dentro" que falseia a situação grupal. Isto não quer dizer que não se deva cuidar de um nível pertinente de confidencialidade. O problema se coloca em outro nível.

Em primeiro lugar cabe lembrar o que foi dito no primeiro capítulo: é uma ilusão supor que valores e padrões vigentes no contexto social não penetrem no recinto grupal. Quanto mais se tentar "ilhar" um evento grupal, mais apri-

118

sionados ficarão terapeuta e participantes na sua ilusão. Vem crescendo a consciência — e a perspectiva sistêmica é para isto um valioso instrumento — de que o caminho não é negar ou evitar, mas, pelo contrário, explicitar a interpenetração de contextos.

Em termos mais práticos, a função reguladora na fronteira grupo-instituição inclui que se tenha uma visão realista das restrições do contexto circundante sobre o espaço de liberdade e decisão do grupo. Abrir espaço para tratar de assuntos sobre os quais, institucionalmente, não se tem poder de decisão pode representar um passo no vazio e gerar frustração e fracasso. Discernir e explicitar limites é condição para que possam ocorrer modificações da configuração sistêmica.

Ainda importa ter claro quais são as eventuais superposições de papéis existentes em dada situação. Assim pode acontecer em um contexto educacional, com os papéis de facilitador, professor e, eventualmente, supervisor. Em âmbito hospitalar, pode-se pensar na superposição dos papéis de terapeuta, médico, administrador. Em empresas as superposições serão ainda outras, porém, de modo geral, entram em jogo aspectos de autoridade e poder não pertinentes ao contexto grupal em si. São poderes de competência, de decisão, avaliação ou promoção pertencentes a outros contextos. Os participantes, por sua vez, podem ter entre si outros vínculos, enquanto colegas de classe, de trabalho, enquanto amigos ou vizinhos. Quando se trata de grupos especificamente terapêuticos, uma medida quase unanimemente recomendada é a de evitar a inclusão de participantes que tenham vínculos importantes entre si ou com o terapeuta. Em linguagem sistêmica, isto significa um cuidado de restringir a incidência direta de alguns sistemas extragrupais sobre um trabalho que se concentra em níveis pessoais de conflito e sofrimento psíquico.

Uma fronteira explicitamente trabalhada no grupo descrito é a de *indivíduo-grupo*. Coesão verdadeira, incluindo disponibilidade para o outro e autonomia pessoal, favorece confiança, espontaneidade e produtividade. Porém, a

119

tendência da maioria dos grupos vai, pelo menos em alguns momentos, em direção à homogeneização à base de pressão. Facilmente se estabelecem formas, às vezes as mais sutis, de "tirania" grupal, forçando uniformidade e desconsiderando diferenças individuais. Ela se manifesta muitas vezes em estereotipia de linguagem e comportamento, rigidez de normas e cristalização de papéis. Neste particular, a função reguladora do terapeuta é fundamental e, às vezes, muito delicada, pois ele próprio pode estar enredado neste clima. "A corda no pescoço" do primeiro encontro é uma metáfora muito eloqüente para este tipo de situação. E, mediante uma leitura correta dos primeiros sinais, certamente é mais fácil prevenir que curar os efeitos do sufoco. Sobretudo, é importante que o terapeuta se pergunte se ele próprio não é para o grupo fonte de uma linguagem e, portanto, de um pensamento estereotipado.

E estas questões levam a outras: a do *poder* do terapeuta decorrente do seu papel específico no grupo e de sua capacitação profissional. Uma intervenção, vindo dele, por menos "autoritária" que seja, ao assinalar, sintetizar ou propor, direciona os eventos. Sem dúvida, qualquer intervenção, de qualquer um dos participantes tem, potencialmente, este efeito, porém os pesos são diferentes, mais acentuadamente nas fases iniciais. Ter claro que o terapeuta é parte integrante da constelação sistêmica, por mais diferenciado e específico que seja o seu papel, faz com que sua função reguladora não possa ser entendida como regulação externa. Ela representa uma dimensão do sistema regulador do grupo e inclui a responsabilidade de manter uma visão de conjunto do processo que os participantes não precisam, nem podem ter.

Na abordagem gestáltica este exercício do seu papel específico é entendido como uma participação ativa e pessoal, próxima e, ao mesmo tempo, abstinente no que diz respeito a necessidades pessoais de poder ou de gratificação. Exacerbar o papel da autoridade ou, por outro lado, camuflá-lo, são dois tipos de erros, ambos igualmente prejudiciais para o grupo.

Ainda nos encontros relatados, aparece o aspecto do *tempo* e da *memória* do grupo. Na medida em que não perde de vista as dimensões de passado e futuro, atuantes no presente, o terapeuta desempenha o papel de guardião e intérprete da história do grupo. Isto se refere não só à sucessão fatual dos eventos, mas sobretudo ao seu significado dentro do processo como um todo, enquanto fatos marcos das modificações da estrutura relacional do grupo. O "aqui e agora" tão enfatizado na abordagem gestáltica deve ser entendido como um *presente pleno* no qual dimensões do passado e futuro se condensam. Explicitar o processo de vir-a-ser é inscrever-se na historicidade como sujeito.

Já que iniciei este texto, traçando em grandes linhas meu caminho profissional, cabe perguntar aonde me levaram as considerações feitas aqui. Como resposta diria: elas foram uma ocasião de ordenar reflexões, questões e dúvidas surgidas na minha prática. Tal como hoje a teoria de sistemas serve de base para a terapia familiar, creio que ela representa uma ferramenta teórica importantíssima para a psicologia clínica em geral. Penso que pode fornecer subsídios para diagnóstico e critérios para a escolha das medidas terapêuticas mais adequadas em cada caso particular. Encontrei o que me parece ser uma maneira de me orientar em uma multiplicidade de fenômenos e acontecimentos, uma espécie de mapa, — referencial abstrato — que não desvenda, felizmente, os coloridos e o clima sempre cambiantes do território.

Se quiserem saber se obtive respostas diria: não muitas, pelo menos em proporção às inúmeras perguntas novas que surgem a cada passo. Além do mais, quando se descobre uma resposta, a pergunta geralmente já não mudou? As reflexões feitas me servem, sobretudo, para formular mais claramente as minhas perguntas, para explicitar e comunicar o pensar sobre a minha prática. Elas indicam direções, ajudam a ter várias perspectivas sobre um mesmo evento.

No seu acontecer concreto, no entanto, o trabalho com grupos requer muito mais do que referenciais abstratos. Ele exige flexibilidade diante do inesperado, fluidez da sensibilidade e da intuição, coragem e senso de humor. É como em viagens: ter mapas serve para a sua preparação, uma consulta numa parada e para rever caminhos percorridos depois de chegar em casa. Durante a viagem trata-se de abrir os olhos e andar, andar passo a passo, "no caminho que tem coração".

BIBLIOGRAFIA

1) Referente à Abordagem Gestáltica

Fagan, Joan e Shepherd, Irma Lee (orgs.), *Gestalt Terapia, Teorias, Técnicas e Aplicações*. Rio de Janeiro, Zahar Editores, 1973.

Feder, Bud e Ronall, Ruth (orgs.), *Beyond the Hot Seat: Gestalt Approaches to Group*. Nova York, Brunner/Mazel, 1980.

Latner, Joel, *The Gestalt Therapy Book*. Nova York, Bantam Books, 1974.

Perls, Frederick S., *Ego, Hunger and Aggression: the beginning of Gestalt therapy* .Nova York, Random House, 1969 (reedição da publicação inglesa de 1947).

ou:————————, *Yo, Hambre y Agresión. Los Comienzos de la Terapia gestaltista*. Mexico D. F., Fondo de Cultura Economica, 1975.

Perls, Frederick S., Hefferline, Ralph e Goodman, Paul, *Gestalt Therapy: Excitement and Growth in the Human Personality*. Nova York, Dell Publ. Co., 1951 (18th printing).

Perls, Frederick, S., *Gestalt-terapia Explicada, "Gestalt Therapy Verbatim"*. São Paulo, Summus Editorial, 1977.

Perls, Frederick S., *Escarafunchando Fritz, dentro e fora da lata de lixo*. São Paulo, Summus Editorial, 1979.

Perls, Fritz, *A Abordagem Gestáltica e Testemunha Ocular da Terapia*. Rio de Janeiro, Zahar Editores, 1977.

Perls, Frederick S., Terapia de Grupo *versus* Terapia Individual. Em: Stevens, John, *Isto é Gestalt*. São Paulo, Summus Editorial, 1977, pp. 29-36.

Perls, Laura, *Comments on the new Directions*. Em: Smith, E. L., (org.) *The Growing Edge of Gestalt Therapy*. Nova York, Brunner/Mazel, 1976, pp. 221-226.

Perls, Laura, Concepts and Misconceptions of Gestalt Therapy. Em *Voices*, 1978, *14*:31-37.

Polster, Erving and Polster, Miriam, *Gestalt-terapia Integrada*. Belo Horizonte, Interlivros, 1979.

Rosemblatt, Daniel, (org.), A Festschrift for Laura Perls in Celebration of her 75th Birthday. Em: *The Gestalt Journal*, 1980, III, 1.

Shepard, Martin, *Fritz: an intimate portrait of Fritz Perls and Gestalt Therapy*. Nova York, Dutton and Co., 1975.

Smith, Edward W. L., *The Growing Edge of Gestalt Therapy*. Nova York, Brunner/Mazel, 1976.

Tellegen, Therese A., Elementos de Psicoterapia gestáltica. Em: *Boletim de Psicologia da Sociedade de Psicologia de São Paulo*, 1972, 24:27-34.

Tellegen, Therese A., Atualidades em Gestalt-terapia. Em: Porchat, Ieda (org.), *As psicoterapias hoje — algumas abordagens*. São Paulo, Summus Editorial, 1982.

Wysong, Joe and Rosenfeld, Edward, *An Oral History of Gestalt Therapy: Interviews with Laura Perls, Isadore From, Erving Polster, Miriam Polster*. Highland, N. Y., Publ. of The Gestalt Journal, 1982.

Zinker, Joseph, *Creative Process in Gestalt Therapy*. Nova York, Brunner/Mazel, 1977.

ou:——————— *El proceso creativo en Le terapia guestaltica*. Buenos Aires, Ed. Paidós, 1979.

2) Referente a Grupos

Argyris, Chris, *Integrating the Individual and the Organization*. Nova York, John Wiley, 1964.

Argyris, Chris, Conditions for competence acquisition and therapy. Em: *Journal of Applied Behavioral Science*, 1968, 4:147-177.

Astrachan, Boris, Towards a social systems model of therapeutic groups. Em: *Social Psychiatry*, 1970, 5:110-119.

Bennis, W. G. and Schein, E. H., *Interpersonal Dynamics*. Homewood, Ill., R. D. Irwin, 1964.

Berne, Eric, *The structure and dynamics of organizations and groups*. Nova York, Grove Press, 1963.

Berne, Eric, *Principles of Group Treatment*. Nova York, Grove Press, 1966.

Bion, W. R., *Experiências com Grupos*. Rio de Janeiro, Imago, 1970.

Bohoslavsky, Rodolfo, H., Grupos: propuestas para una teoria. Rio de Janeiro, 1976 (mimeogr.).

Cooper, C. L. and Mangham, L. L., *T-groups: a survey research*. Nova York, John Wiley, 1971.

Dies, Robert, R., Current practice in the training of group psychotherapists. Em: *International Journal of Group Psychotherapy*, 1980, 30:169-185.

Espíro, Nicolás, La psicoterapía con pequeños grupos y sus modelos. Em: *Revista de Fisiopatología y Terapeutica Clinica*, 1970, 2:269-295.

Foulkes, S. H. e Anthony, E. J., *Psicoterapia de Grupo*. Rio de Janeiro, Bibl. Univ. Popular, 1967.

Kernberg, Otto, F., A system approach to priority setting of interventions in groups. Em: *International Journal of Group Psychotherapy*, 1975, 25: 251-275.

Lewin, Kurt, *Problemas de dinâmica de grupo*. São Paulo, Cultrix, 1970.

Maré, P. B. de, *Perspectivas em Psicoterapia de Grupo*. Rio de Janeiro, Imago Ed., 1974.

Milan, Betty, *O Jogo do Esconderijo — Terapia em questão*. São Paulo, Livr. Pioneira Ed., 1976.

Moreno, Jacob L., *Fundamentos do Psicodrama*. São Paulo, Summus Editorial, 1983.

Pagès, Max, *A Vida Afetiva dos grupos*. Um esboço de uma teoria da relação humana. Petrópolis, Vozes/EDUSP, 1981.

Pichon-Rivière, E., *O Processo Grupal*. São Paulo, Martins Fontes, 1982.

Pines, Malcolm, Les facteurs thérapeuthiques dans la psychothérapie analytique de groupe. Em *Connexions*, 1980, *31*:11-24.

Rice, A. K. Individual group and intergroup process. Em: *Human Relations*, 1969, *22*:565-584.

Rogers, Carl, *Grupos de Encontro*, São Paulo, Martins Fontes, 1977.

Rosembaum, Max and Berger, Milton (orgs.), *Group psychotherapy and Group function*. Nova York, Basic Books, 1963.

Schneider, Galina, Dinâmica de Grupo. Em: *Gradiva*, 1980, *3*:7.

Shaffer, John and Galinsky, M., *Models of Group therapy and sensitivity training*. Englewood Cliffs, N. J., Prentice Hall, 1974.

Slavson, S. R., *A Textbook in analytic group psychotherapy*. Nova York, Intern. Univ. Press, 1964.

Whitaker, Dorothy S. e Lieberman, Morton, *Psicoterapia de grupos*. Buenos Aires, Troquel, 1969.

Wolf, A. and Schwartz, E. K., *Psychoanalysis in groups*. Nova York, Grune and Stratton, 1962.

3) Referente à Teoria de Sistemas

Buckley, Walter, *A sociologia e a moderna teoria dos sistemas*. São Paulo, Cultrix, 1976.

Buckley, Walter, (org.) *Modern system research for the behavioral scientist*. Chicago, Aldine Publ. Comp. 1968.

Dentro desta obra, mais especificamente:

— Allport, Gordon W., The open system in personality theory, pp. 343-350.

— Bertalanffy, Ludwig von, General system theory — A critical review, pp. 11-30.

— Buckley, Walter, Society as a complex adaptive system, pp. 490-513.

— Hall, A. D. and Fagen, R. E., Definition of system, pp. 81-92.

— Khailov, K. M., The problem of systemic organization in theoretical Biology, pp. 44-50.

— Nadel, S. F., Social control and self-regulation, pp. 401-408.

— Rapaport, Anatol, Foreword (Prefácio), pp. XIII-XXII.

Miller, E. J. and Rice, A. K., *Systems of organization*. Londres, Tavistock Publications, 1967.

Watzlawick, Paul, Beavin, Janet H., Jackson, Don D., *Pragmática da comunicação humana*. São Paulo, Cultrix, 1981.

4) Referente a Questões de Âmbito mais geral

Bateson, Gregory, *Steps to an ecology of the mind*. Nova York, Ballantine Books (Random House), 1972.

Bateson, Gregory, *Mind and nature — A necessary unity*. Nova York, Bantam Books, 1979.

Coelho, Eduardo Prado, Introdução a um pensamento cruel: Estruturas, estruturalidade e estruturalismos. Em: E. P. Coelho, (org.) — *Estruturalismo, Antologia de textos teóricos*, pp. I-LXXV.

Engelman, Arno (org.), *Wolfgang Köhler*. São Paulo, Ática, 1978.

Foucault, Michel, As ciências humanas. Em: *As palavras e as coisas*. Cap. X. São Paulo, Martins Fontes, 1967.

Koestler, Arthur, *Jano, uma sinopse*. São Paulo, Melhoramentos, 1981.

Koffka, Kurt, *Princípios da psicologia da Gestalt*. São Paulo, Cultrix, 1975.

Lewin, Kurt, Will and needs. Em: Ellis, W. D. (org.), *A source book of Gestalt psychology*. Londres, Routledge and Kegan Paul, 1955, pp. 283-299.

Lewin, Kurt, *Princípios de Psicologia Topológica*. São Paulo, Cultrix, 1973.

Merleau-Ponty, Maurice, *La structure du comportement*. Paris, Presses Universitaires de France, 1972.

NOVAS BUSCAS EM PSICOTERAPIA
VOLUMES PUBLICADOS

1. *Tornar-se presente — Experimentos de crescimento em Gestalt-terapia* — John O. Stevens.
2. *Gestalt-terapia explicada* — Frederick S. Perls.
3. *Isto é Gestalt* — John O. Stevens (org.).
4. *O corpo em terapia — a abordagem bioenergética* — Alexander Lowen.
5. *Consciência pelo movimento* — Moshe Feldenkrais.
6. *Não apresse o rio (Ele corre sozinho)* — Barry Stevens.
7. *Escarafunchando Fritz — dentro e fora da lata de lixo* — Frederick S. Perls.
8. *Caso Nora — consciência corporal como fator terapêutico* — Moshe Feldenkrais.
9. *Na noite passada eu sonhei...* — Medard Boss.
10. *Expansão e recolhimento — a essência do t'ai chi* — Al Chung-liang Huang.
11. *O corpo traído* — Alexander Lowen.
12. *Descobrindo crianças — a abordagem gestáltica com crianças e adolescentes* — Violet Oaklander.
13. *O labirinto humano — causas do bloqueio da energia sexual* — Elsworth F. Baker.
14. *O psicodrama — aplicações da técnica psicodramática* — Dalmiro M. Bustos e colaboradores.
15. *Bioenergética* — Alexander Lowen.
16. *Os sonhos e o desenvolvimento da personalidade* — Ernest Lawrence Rossi.
17. *Sapos em príncipes — programação neurolingüística* — Richard Bandler e John Grinder.
18. *As psicoterapias hoje — algumas abordagens* — Ieda Porchat (org.)
19. *O corpo em depressão — as bases biológicas da fé e da realidade* — Alexander Lowen.
20. *Fundamentos do psicodrama* — J. L. Moreno.
21. *Atravessando — passagens em psicoterapia* — Richard Bandler e John Grinder.
22. *Gestalt e grupos — uma perspectiva sistêmica* — Therese A. Tellegen.
23. *A formação profissional do psicoterapeuta* — Elenir Rosa Golin Cardoso.
24. *Gestalt-terapia: refazendo um caminho* — Jorge Ponciano Ribeiro.
25. *Jung* — Elie J. Humbert.
26. *Ser terapeuta — depoimentos* — Ieda Porchat e Paulo Barros (orgs.)
27. *Resignificando — programação neurolingüística e a transformação do significado* — Richard Bandler e John Grinder.

28. *Ida Rolf fala sobre Rolfing e a realidade física* — Rosemary Feitis (org.)
29. *Terapia familiar breve* — Steve de Shazer.
30. *Corpo virtual — reflexões sobre a clínica psicoterápica* — Carlos R. Briganti.
31. *Terapia familiar e de casal* — Vera L. Lamanno Calil.
32. *Usando sua mente — as coisas que você não sabe que não sabe* — Richard Bandler.
33. *Wilhelm Reich e a orgonomia* — Ola Raknes.
34. *Tocar — o significado humano da pele* — Ashley Montagu.
35. *Vida e movimento* — Moshe Feldenkrais.
36. *O corpo revela — um guia para a leitura corporal* — Ron Kurtz e Hector Prestera.
37. *Corpo sofrido e mal-amado — as experiências da mulher com o próprio corpo* — Lucy Penna.
38. *Sol da Terra — o uso do barro em psicoterapia* — Álvaro de Pinheiro Gouvêa.
39. *O corpo onírico — o papel do corpo no revelar do si-mesmo* — Arnold Mindell.
40. *A terapia mais breve possível — avanços em práticas psicanalíticas* — Sophia Rozzanna Caracushansky.
41. *Trabalhando com o corpo onírico* — Arnold Mindell.
42. *Terapia de vida passada* — Livio Tulio Pincherle (org.).
43. *O caminho do rio — a ciência do processo do corpo onírico* — Arnold Mindell.
44. *Terapia não-convencional — as técnicas psiquiátricas de Milton H. Erickson* — Jay Haley.
45. *O fio das palavras — um estudo de psicoterapia existencial* — Luiz A.G. Cancello.
46. *O corpo onírico nos relacionamentos* — Arnold Mindell.
47. *Padrões de distresse — agressões emocionais e forma humana* — Stanley Keleman.
48. *Imagens do self — o processo terapêutico na caixa-de-areia* — Estelle L. Weinrib.
49. *Um e um são três — o casal se auto-revela* — Philippe Caillé
50. *Narciso, a bruxa, o terapeuta elefante e outras histórias psi* — Paulo Barros
51. *O dilema da psicologia — o olhar de um psicólogo sobre sua complicada profissão* — Lawrence LeShan
52. *Trabalho corporal intuitivo — uma abordagem Reichiana* — Loil Neidhoefer
53. *Cem anos de psicoterapia... — e o mundo está cada vez pior* — James Hillman e Michael Ventura.
54. *Saúde e plenitude: um caminho para o ser* — Róberto Crema.
55. *Arteterapia para famílias — abordagens integrativas* — Shirley Riley e Cathy A. Malchiodi.
56. *Luto — estudos sobre a perda na vida adulta* — Colin Murray Parkes.
57. *O despertar do tigre — curando o trauma* — Peter A. Levine com Ann Frederick.
58. *Dor — um estudo multidisciplinar* — Maria Margarida M. J. de Carvalho (org.).
59. *Terapia familiar em transformação* — Mony Elkaïm (org.).
60. *Luto materno e psicoterapia breve* — Neli Klix Freitas.
61. *A busca da elegância em psicoterapia — uma abordagem gestáltica com casais, famílias e sistemas íntimos* — Joseph C. Zinker.
62. *Percursos em arteterapia — arteterapia gestáltica, arte em psicoterapia, supervisão em arteterapia* — Selma Ciornai (org.)
63. *Percursos em arteterapia — ateliê terapêutico, arteterapia no trabalho comunitário, trabalho plástico e linguagem expressiva, arteterapia e história da arte* — Selma Ciornai (org.)
64. *Percursos em arteterapia — arteterapia e educação, arteterapia e saúde* — Selma Ciornai (org.)